战争中的译员

[英] 郭婷 著
Ting Guo

王祥兵 曹旸 曹睿 胡小棠 马骏 译
王祥兵 审校

新华出版社

图书在版编目（CIP）数据

战争中的译员 /（英）郭婷著；王祥兵等译. -- 北京：新华出版社，2025.1
书名原文：Surviving in Violent Conflicts：
Chinese Interpreters in the Second Sino-Japanese War 1931—1945
ISBN 978-7-5166-6603-6

Ⅰ. ①战… Ⅱ. ①郭… ②王… Ⅲ. ①军事—翻译—研究 Ⅳ. ① E0-055

中国版本图书馆 CIP 数据核字（2022）第 242066 号
著作权合同登记号：01-2022-6074

First published in English under the title：
Surviving in Violent Conflicts：
Chinese Interpreters in the Second Sino-Japanese War 1931—1945
by Ting Guo，edition：1
Copyright © Ting Guo，2016
This edition has been translated and published under licence from
Springer Nature Limited.
Springer Nature Limited takes no responsibility and shall not be made liable for the
accuracy of the translation.

本书中文简体版专有出版权经由中华版权代理有限公司授予
归新华出版社所有

战争中的译员

作 者：[英]郭婷	译 者：王祥兵　曹旸　曹睿　胡小棠　马骏
审 校：王祥兵	

出版发行：新华出版社有限责任公司
　　　　　（北京市石景山区京原路 8 号　邮编：100040）
印　　刷：捷鹰印刷（天津）有限公司
成品尺寸：145mm×210mm　1/32　　印　张：7.5　　字　数：170 千字
版　　次：2025 年 5 月第 1 版　　　印　次：2025 年 5 月第 1 次印刷
书　　号：ISBN 978-7-5166-6603-6　定　价：60.00 元

版权所有·侵权必究
如有印刷、装订问题，本公司负责调换。

  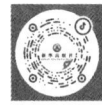 

微店　　视频号小店　　抖店　　京东旗舰店　　扫码添加专属客服

微信公众号　喜马拉雅　小红书　淘宝旗舰店

导　读

我对军事翻译史研究兴趣浓厚，对抗战时期的军事翻译也有初步了解，十分有幸为译著《战争中的译员》撰写导读。为了帮助读者阅读本书，认识本书的价值和贡献，我将首先回顾抗战时期军事翻译史研究现状，其次梳理布迪厄社会学理论的几个关键概念，然后分享本书的主要内容和特点，最后介绍本书的翻译情况。

一、抗战时期军事翻译史研究现状

在人类历史长河中，暴力冲突从未断绝。暴力冲突期间，翻译是不同国家、种族以及语言使用者之间进行沟通合作或者对抗斗争的重要工具。战争的各个阶段，如宣战、情报收集、作战、审讯战俘、谈判、缔约等，无不与翻译息息相关。蒙娜·贝克（Mona Baker）在《翻译与冲突：叙事性解释》中指出："口笔译是战争得以实现的因素之一。"[①] 翻译在各方（包括战争贩子以及和平运

---

① Baker, M. Foreword. In Baker, M (ed.). *Translation and Conflict: A Narrative Account.* London and New York: Routledge, 2006:2.

动者）控制冲突的过程中扮演了极其重要的作用，它影响了军事冲突的发展过程。因此，作为国防外语能力、国家翻译能力的一个重要组成部分，军事翻译理应得到研究者的高度重视。

《中国军事翻译史论纲》[①] 较早指出中国军事翻译史研究具有重大现实和理论意义。现实意义主要体现在：（1）可以从翻译的视角认识中国军事史和战争史；（2）梳理和总结中国军事翻译的历史，促进军事翻译学术研究的系统开展；（3）从军事翻译的历史中吸取经验和教训，为当前中国军队在国际维和、联合军演、军事外交、尖端武器等方面的活动提供借鉴。理论意义体现在：（1）扩展翻译学、社会学、军事学、历史学这几门学科之间交叉领域研究的空间；（2）为中国军事翻译史的书写奠定基础；（3）弥补中国军事翻译史在翻译学领域研究的不足，丰富翻译学学科内涵，推动翻译学向前发展。

军事翻译的研究可以从笔译和口译、战时和平时的角度展开，也可以探讨理论、实践、历史、教学、技术等方面。王祥兵、穆雷指出，中国军事翻译史的研究还存在诸多不足。一是缺少系统性，显得零散，按照通史、断代史或思想史、人物史等类别进行系统研究的较少；二是研究尚不全面，有限的研究集中于晚清及民国早期，对古代和现当代军事翻译的研究比较欠缺，抗日战争、朝鲜战争以及其他战争中的军事翻译研究很不充分；三是大量的翻译活动史实尚未得到发掘和研究，例如1928—1938年中德军事合作时期、国内革命战争时期、朝鲜战争时期的军事翻译等；四是缺乏丰富的研究方法和理论分析视角，未能借鉴社会学、军事学等相关学科的理论

---

① 王祥兵、穆雷．中国军事翻译史论纲．外语研究，2013，(1)：84—90.

对军事翻译的史料进行深入分析；等等。

抗战时期，中国社会被分割成政治、军事、经济、文化等形态迥异的三大块，即国统区、解放区和沦陷区。无论是在战场上还是在大后方，军事译员在战争的各个阶段都在为战争冲突中的各方服务。在这种特殊的战争时期，条块分割的场域、复杂多变的互动及口笔译人员的大量介入，为军事翻译研究提供了一个非常有价值的个案研究课题。

抗战时期的军事翻译史研究经过一段时间的缓慢发展，在笔译和口译方面均有所突破。《军事翻译家刘伯承》[1]是较早论及抗战时期军事笔译的专著。该书描述了刘伯承在留学苏联期间、中央苏区反"围剿"作战前线、长征路上、抗日战争和解放战争中以及在新中国成立以后的军事教育活动中从事军事翻译的经历，折射出共产党军事翻译事业的创建和发展历程。刘伯承翻译、校译和编译了近百万字的外国军事论著，是我国现代军事翻译的开拓者和奠基者。该书用较大篇幅描写了抗日战争时期刘伯承组织翻译和校对《苏军步兵战斗条令》《军队指挥法》《合同战术》及日军的《阵中要务令》《刺杀教令》等军事著作的情况。它有助于我们了解刘伯承的军事翻译作品，理解翻译如何为军队提供宝贵的战斗知识、增添战胜敌人的智慧和力量。

《中国翻译通史》（现当代第1卷）[2]介绍了马克思、恩格斯的十余本军事翻译著作，简述了军事家刘伯承的翻译成就，罗列了抗

---

[1] 陈石平、成英.军事翻译家刘伯承.北京：书海出版社，1988.
[2] 马祖毅.中国翻译通史（现当代第1卷）.武汉：湖北教育出版社，2006.

战时期解放区出版的几本军事译著以及新中国成立前后的军事翻译情况。

《抗战时期延安翻译活动考察及资本理论的拓展》[1]从社会学理论的角度，加深了我们对于抗战时期延安翻译活动的认知。文章运用布迪厄资本理论中四个主要子资本概念即经济资本、文化资本、社会资本和象征资本构建分析框架，通过考察抗战时期延安翻译活动去探究四个子资本之间的关系，在此基础上形成对抗战时期延安翻译活动的深层认知。该研究为翻译与战争研究带来全新话语体系和阐释空间，同时拓展了布迪厄资本理论的内涵和应用空间。

在口译方面，相关研究成果也呈现出逐渐深入的特点。2002年出版的《中国口译史》[2]第三章"军事战争中的口译"对抗战时期的军事翻译活动进行了简单介绍，罗列了一些口译人员的生平，如陈羽纶、黄宏煦、曹靖华、叶笃庄、贾植芳等。但此处仅少量列举了战时各个地区、各个语种的译员，远未反映抗战时期军事口译的原貌。

2004年，《西南联合大学八百学子从军记——1944届从军学生的译员生涯》[3]记述了西南联大15位学生译员从培训到服务部队，再到战后参加空军训练或者战后接收的过程。该文对了解和研究抗战时期的学生译员有所裨益，但这些资料也未能展现出当时军事口

---

[1] 王祥兵、穆雷. 抗战时期延安翻译活动考察及资本理论的拓展. 中国翻译，2018，(1)：26—37.

[2] 黎难秋. 中国口译史. 青岛：青岛出版社，2002.

[3] 何宇. 西南联合大学八百学子从军记——1944届从军学生的译员生涯[C]. 李学通主编，中国社会科学院近代史研究所近代史资料编辑部编. 近代史资料(总109号). 北京：中国社会科学出版社，2004：212—259.

导 读

译的复杂全貌。

《滇缅战役中的军事翻译》①和《增强战斗力:中印缅战区的军事译员》②从翻译学和军事学的视角,在广泛收集整理档案资料、回忆录、口述史资料的基础上,对中印缅战区的军事翻译现象进行分析后发现:由于国际军事合作,中印缅战区迫切需要大量译员;外事局、教育部、战时大学等赞助者成功地征调培训了4000余名译员;这些军事译员克服种种困难,在制空权、军事情报、武器装备、协同作战等领域发挥了不可替代的作用,为增强隐形和有形战斗力做出了不可或缺的贡献。研究表明,卓有成效的军事翻译重塑了战场上的战斗力关系,是盟军在中印缅战区取得最终胜利的一个非常重要的因素。

另一篇论文《抗日战争期间日军口译员的忠诚问题》③聚焦于抗战期间为日军服务的口译员的忠诚问题,有助于我们加深对军事冲突中的口译员的认知。文章首先回顾了军事背景下的忠诚概念,然后根据80多份公共和私人叙事(包括历史档案和口译员的自传)进行分析。研究结果表明,在战争中为日本军队服务的口译员表现出四种不同的忠诚状态:狂热的愚忠、伪装的忠诚、转变的忠诚和

---

① 罗天. 滇缅战役中的军事翻译. 王宏志主编. 翻译史研究(第一辑). 上海:复旦大学出版社, 2011: 223—249.
② Luo, T. Augmenting Combat Power: Military Translation in China-Burma-India Theater. *Linguistica Antverpiensia, New Series — Themes in Translation Studies*, 2016, 15:143—161.
③ Luo, T & Zhu, R. To Be or not to Be Loyal: Loyalty of Military Interpreters Serving Japanese Army in the Second Sino-Japanese War (1931—1945). Rosendo, L. R. & Todorova, M.(eds) *Interpreting Conflict: A Comparative Framework*. Palgrave Macmillan(UK), 2021: 37—60.

分裂的忠诚。文章认为，军事译员对忠诚的选择受到一系列相互关联因素的影响。

《抗战时期的军事翻译史》[①]一书对抗战时期的军事口笔译实践进行了较为系统的梳理。该书收集整理大量档案、口述史、回忆录、文史资料等，分国统区、中印缅战区、解放区和沦陷区，介绍了各区之内的政治、军事、文化语境及其对翻译的需求，描述了国际军事合作、军事情报、宣传等方面的翻译活动，勾勒了军事外语翻译人才的培养和译著出版机构情况，简介了部分翻译人员，并按照军事学科对军事译著进行了归纳统计。该书资料丰富，较为全面，但具体深入、具有理论内涵的讨论不多。

由于篇幅所限，以上文献回顾并不完全，但我们仍可以从中发现，抗战时期的军事翻译史研究目前还存在着历史资料不全、系统性不够、理论探讨不够深入等不足。从研究素材来看，大量档案馆资料还未被整理发掘出来，译著书目有待补充，众多译员有待发现。从理论视角上看，未能充分运用翻译学以及跨学科（例如社会学）的理论框架对军事翻译的本质、特征、赞助者、专业人士及其规律等进行深入分析；从研究方法上来看，缺乏深入具体的个案分析。

在此背景之下，郭婷的著作《战争中的译员》是第一部运用社会学理论对抗战时期军事口译员进行研究的专著。该书以布迪厄社会学理论的场域、资本、惯习、幻象等概念为纲领，在丰富多样的史料基础上，深入探讨了抗战时期国统区、解放区和日占区三个社会政治分区中，口译人员在不同场域中如何利用各自的资本求得生

---

① 罗天、李毅. 抗战时期的军事翻译史. 北京：外文出版社，2014.

存的问题。这本聚焦翻译与战争研究的学术著作，史料丰富，理论视角新颖，讨论剖析深邃，研究方法独到，涉及波澜壮阔的抗战历史，对于中国的翻译学术有着重要的启迪作用，因而具有很大的译介价值。

二、社会学理论的几个基本概念

《战争中的译员》以布迪厄的社会学理论为框架，但作者没有在某个章节集中地介绍这个理论，而是融会贯通，将其用于各章的分析。因此有必要在导读中解释该理论的一些基本概念。布迪厄（Pierre Bourdieu，1930—2002）是近40年来在西方学术界中被人们讨论最多的当代法国著名人类学家、社会学家和思想家。他是继M.福柯之后，法国又一具有世界影响力的社会学大师，与英国的A.吉登斯、德国的J.哈贝马斯一起被公认为当前欧洲社会学界的三大代表人物。他也是在过去十年里翻译学术界引用频率最高的一位社会学家。他的"场域"（field）、"惯习"（habitus）、"资本"（capital）和"幻象"（illusio）等概念在各种各样的语境中被广泛讨论。

布迪厄认为，社会空间是由多个场域组成的"多维空间"，在这个空间中，主体的位置是由他们的资本决定的。① 布迪厄重新定义了现存的一些社会学概念，他认为主体实践是惯习和资本的结果，由结构化的社会条件和主体所属的场域激活和制约，而场域又通过行动者的实践而改变。布迪厄总结出了描述社会主体实践的公式：

---

① Bourdieu, P. by Raymond, G. and Adamson, M. *Language and Symbolic Power*. Cambridge: Polity Press, 1991: 229—231.

实践=〔(惯习)(资本)〕+场域。① 值得注意的是，布迪厄的理论体系非常强调这些核心概念之间内在的联系，布迪厄理论的核心就是"关系主义的思维"（relational thinking）；我们不能孤立地运用这些概念，忽视这些概念间的联系以至转向机械决定论。

场域是社会各种位置之间的客观关系所形成的一个网络，② 主要是在某一社会空间中，由特定的行动者相互关系网络所表现的各种社会力量和因素的综合体。场域具有以下特点：首先，场域具有相对独立性，现代社会就是由一个个具有相对自主性的场域构成，如商业人士形成的社会网络就是商业场域，科学研究者所在的圈子形成了科学场域，等等。不同场域具有相对独立的规则。相对独立性既是不同场域相互区别的标志，也是不同场域得以存在的依据。其次，场域是包含着潜在和活跃力量的空间，是一个充满冲突和斗争的空间。各种力量关系不断推动场域的变化和发展，维护、改变甚至颠覆场域中的力量格局。这些力量围绕着特定形式的资本展开争夺，而各种形式的资本既是场域争斗的工具，又是争斗的目标。再次，"各种场域之间相互关联"。③ 科学家的研究成果可以转化为经济利益，商人的产品有时需要科学家的"专家推荐"，这就形成了不同场域之间的互动。最后，布迪厄将场域所处的社会空间称为"权

---

① Bourdieu, P. by Nice, R. *Distinction: A Social Critique of the Judgement of Taste*. Cambridge, MA: Harvard University, 1984: 101.
② Bourdieu, P. & Wacquant, L. J. D. *An Invitation to Reflexive Sociology*. Chicago: Chicago University Press, 1992: 97.
③ Bourdieu, P. & Wacquant, L. J. D. *An Invitation to Reflexive Sociology*. Chicago: University of Chicago Press, 1992: 109.

力场域"（field of power），即具有分配资本和决定社会结构的能力的结构空间，比如国家就可以被看作一种权力场域，由统治阶层的关系组织而成。[①] 权力场域可以被看作一种"元场域"（meta-field），"是各种场域的整体"。[②] 元场域之中的各种场域处在不同的地位。

惯习是行动者在家庭教育、学校学习、工作交际等社会互动过程中，逐渐学习接受以及强化他们所认知的场域内规则，产生了一套"行为倾向系统"（system of dispositions），[③] 形成了持久潜在的思维定式或者某些有规律可循的行为习惯。也就是说，惯习是社会惯例在社会行动者的思维和行为中的内化。惯习由"积淀"在个人身体内的各种历史关系所构成，其形式为知觉、评判和行动的各种身心图式。惯习是历史的产物，是一个开放的性情倾向系统，不断地随经验而变，并在这些经验的影响下不断地被强化，或调整自己的结构。惯习能够为行动者提供怎样思考和选择的原则。值得注意的是，行动者在不断的互动过程中受场域的影响制约逐渐形成惯习，而众多行动者的惯习又直接或间接地影响他们所处的场域。

资本是行动者的社会实践工具，是一种累积的劳动和资格，可以是物质化的，可以是身体化的，也可以是符号化的。[④] 布迪厄通

[①] Bourdieu, P. *The Field of Cultural Production: Essays on Art and Literature*. Cambridge: Polity Press, 1993: 37—40.
[②] Bourdieu, P. & Wacquant, L. J. D. *An Invitation to Reflexive Sociology*. Chicago: University of Chicago Press, 1992: 111—112.
[③] Bourdieu, P. *The Logic of Practice*. Cambridge: Polity Press, 1990: 54.
[④] Bourdieu, P. Trans. by Nice, R. *The Forms of Capital*. In Richardson, J. E. (ed.). *Handbook of Theory of Research for the Sociology of Education*. Westport, Connecticut: Greenwood Press, 1986: 241.

过资本概念使行动者的实践工具从经济领域扩展到符号和非物质领域，深化了人们对实践工具概念的认识。

资本分为四类，每一种资本都有自身的运行规则，并且不同的资本可以相互转化，即可以互相兑换。（1）经济资本：是由"生产的不同要素（诸如土地、工厂、劳动、货币等）、经济财产、各种收入及各种经济利益所组成的"。① （2）文化资本：指的是人们在社会生活中获得的文化教育方面的资源，比如著作、受官方承认的教育文凭等。文化资本有三种存在状态：一是身体化状态（embodied-state），② 是行动者身体内长期内化的结果，成为一种具体的个性化的秉性和才能；二是客观化状态（objectified-state），③ 是物化的文化财产；三是制度化状态（institutionalized-state），④ 是由合法化和正当化制度认可的各种资质。（3）社会资本：指当一个人拥有某种持久性的社会关系网络时，这种社会关系便成为他实际或潜在拥有的资源。一个人拥有的社会资本量可能取决于他为每个

---

① Bourdieu, P. Trans. by Nice, R. *The Forms of Capital*. In Richardson, J. E. (ed.). *Handbook of Theory of Research for the Sociology of Education*. Westport, Connecticut: Greenwood Press, 1986: 243—244.
② Bourdieu, P. Trans. by Nice, R. *The Forms of Capital*. In Richardson, J. E. (ed.). *Handbook of Theory of Research for the Sociology of Education*. Westport, Connecticut: Greenwood Press, 1986: 244—246.
③ Bourdieu, P. Trans. by Nice, R. *The Forms of Capital*. In Richardson, J. E. (ed.). *Handbook of Theory of Research for the Sociology of Education*. Westport, Connecticut: Greenwood Press, 1986: 246—247.
④ Bourdieu, P. Trans. by Nice, R. *The Forms of Capital*. In Richardson, J. E. (ed.). *Handbook of Theory of Research for the Sociology of Education*. Westport, Connecticut: Greenwood Press, 1986: 247—248.

成员提供来自集体所拥有资本的支持,或者提供赢得各种声誉的"凭证"。[①]简而言之,社会资本是指行动者凭借加入一个比较稳定并在一定程度上制度化的相互交往、彼此熟识的关系网,从而积累起来的资源总和。一个人拥有的社会资本量不仅取决于他可以有效调动的关系网络的规模,也取决于网络中各个成员所拥有的资本的数量。(4)象征资本:一种隐蔽的、无形的经济资本形式,是以符号化等象征性手段积累起来的资本,如声誉、威信、社会地位、领导力、认可度等。[②]

值得注意的是,所有不同类型的资本都是在特定场域中被确认的斗争力量单位,谁拥有的资本数量多,谁就可能在斗争中占据有利位置。布迪厄认为,行动者惯习是基于主体在场域中的位置而形成的。也就是说,主体资本的数量和构成决定了他们的地位和可以获得的利益。这种资本结构相应地被重新转化为偏好系统或惯习,指导主体在场域中的选择和方向。

场域中有自己独立的规则,具有参与者竭力追求的特殊利益,布迪厄将参与者的这种行为表现称为"幻象"。[③]例如,在足球场域里,球员在比赛中尽量多进球,赢得比赛,增加自己在球坛的名声,就是他们需要追求的象征资本。这就是足球场域的幻象。在不喜欢足

[①] Bourdieu, P. Trans. by Nice, R. *The Forms of Capital*. In Richardson, J. E.(ed.). *Handbook of Theory of Research for the Sociology of Education*. Westport, Connecticut: Greenwood Press, 1986: 248—249.

[②] Bourdieu, P. Trans. by Nice, R. *Outline of a Theory of Practice*. Cambridge, U.K.:Cambridge University Press, 1977:177—183.

[③] Bourdieu, P. & Wacquant, L. J. D. *An Invitation to Reflexive Sociology*. Chicago: University of Chicago Press, 1992: 98.

球比赛的人看来，这些行为或许不可理喻，但参与球赛的球员或观众对其深信不疑，布迪厄将参与者对于场域幻象的认同称为"信仰"。布迪厄在实践理论中经常强调行动者决策是"幻象"的结果，是游戏的实践感知，而非基于理性。[1]他认为，行动者"幻象"是由惯习，即具体化的客观条件产生的，并且是通过场域实践获得的。主体的"幻象"直接影响他们对自我及通过他们的社会经历发展而来的场域的认知。

根据上述概念，布迪厄提出了社会学研究的三个环节："分析与权力场域相对的场域位置"；"勾画出参与者在场域之中的客观关系结构"；"分析参与者的惯习"。[2]这三个环节分别包含了他的三个主要概念：场域、资本和惯习。当然，"幻象"也可以放在第三个环节加以考虑。《战争中的译员》在运用布迪厄的社会学理论探讨抗战时期军事口译时的基本步骤也恰好与这三个环节吻合。

三、本书主要内容和特点

本书再现了抗战时期一段鲜为人知的口译历史，运用布迪厄的社会学框架将口译人员在战争中的各种实践理论化和概念化。它探讨了中国的口译员如何被国内和国际上的竞争势力，包括国民党政府、中国共产党和日本军队，当作一种重要的军事和政治资产进行

---

[1] Bourdieu, P. Trans. by Sapiro, G. & Johnson, R. & Wacquant, L. & Nice, R. *Practical Reason: On the Theory of Action*. Cambridge: Polity Press, 1994:76—77.
[2] Bourdieu, P. & Wacquant, L. J. D. *An Invitation to Reflexive Sociology*. Chicago: University of Chicago Press, 1992:104—105.

导 读

培训和部署。书中各章讨论了口译职业如何受到外交政策转变的影响，以及口译员的职业惯习如何通过培训和与其他社会行动者和机构的互动而形成。本书通过调查口译员个人职业发展和跨越边界的策略，对口译作为一种排他性职业的假设提出了质疑，并强调了口译作为一种自我保护的策略、通向权力的途径或只是获得更好生活的机会的积极定位。

本书分为六章。第一章主要介绍了研究目的，研究背景，战争口译、军事译员培训研究的文献综述，布迪厄社会学理论框架，研究方法，研究资料来源以及本书的结构。本书主要讨论的问题有：是否存在口译场域？如果存在，该场域是如何构建的？译员如何定位？译员需要什么资本才能进入该场域？哪些因素可以影响译员职业惯习的形成？译员如何应对危及其生命和场域中定位的情况？作者认为，抗日战争期间存在着与中国的三股主要政治和军事力量有关的三大口译场域：日军、国民党政府和中国共产党。

第二章考察了国民党在抗战时期的不同阶段对译员的培训和部署。抗战时期，国统区的国际军事合作主要集中在三个方面：1938年以前中德军事合作；1938—1941年间苏联对国民政府的军事援助；1941—1945年间美国对中国的军事援助。出于与外国势力频繁互动的需要，国民党加大了对译员招募和培训的投入，包括德语、俄语和英语口译。本章分析了国民党内部对译员不断变化的需求，认为口译场域（例如，译员职位的获取和译员资本的相对价值）直接受国民党外交政策和政治战略的影响。基于从中国第二历史档案馆检索到的信息（包括教科书、教学大纲、对译员的评估）以及国民政府军事委员会外事局关于译员接受纪律处分、免职或荣誉的记录，

13

本章讨论了"优秀口译"和"荣誉译员"的标准是如何建立并巩固的，以及如何体现为译员职业惯习的一部分。

第三章讨论了中国共产党培训或使用的俄语和英语口译员，重点论述他们的专业实践与他们在中国共产党语境中的地位之间的关系。研究表明，口译员提供语言服务时，既参与了服务对象间的互动，还与服务对象发展了新的社会关系和工作关系。这种社会资本，为他们提供了获得更好职位和更多资本的机会。当时，中国共产党的国际援助主要来自共产国际和苏联。20世纪30年代早期，共产国际对中国共产党影响深远，留俄归国学生（如伍修权等）由于熟悉俄语，获得了为共产国际在华代表进行口译的机会。后来，这一分场域经历了重大变化，中国共产党改变了政策，不再盲目听从共产国际，因此与共产国际译员职位相关的利益也受到了影响，俄语翻译的语言和政治资本发生了变化，译员随之采取了务实的态度。

第四章剖析了日军培训及雇用的译员。与国民党或共产党雇用的译员不同，这些译员由于为日军服务，他们的生命和声誉面临危险。通过参考南京、北京和青岛市档案馆的资料，作者介绍了在不同级别的职位上口译的分层场域。级别不同意味着在当时权力结构中的利益不同。这些译员充当了当时傀儡政府和外国侵略者之间的合作纽带，被抗日民众认为是"汉奸"，往往成为战争中暗杀和战后追责或迫害的对象。这些译员从事口译往往是一种生存策略，他们需要应付冲突场域之间的紧张关系，也可能在新近出现的权力等级体系中谋取个人利益。

第五章通过对两位译员的案例研究，具体阐述了译员为生存所做的努力以及周旋于不同权力结构的策略。第一位译员夏文运是一名日语译员，一方面服务于日军，另一方面又与国民党秘密合作，输送军事情报。对夏文运来说，口译是一种发掘并兑现他所积累的文化资本和社会资本的手段。当然，口译活动进一步扩大了他的社会资本，并使他后来在中日政治谈判中充当双重间谍成为可能。夏文运的例子表明：一些口译员在同一场域内及跨越不同场域的定位与活动，实际上赋予了他们更多的权力和资本。第二位译员严嘉瑞是国民党与美国军事联合期间培养的军事译员。严嘉瑞的案例说明战争时期官方培训对口译员职业及译员定位的重要性。专业培训不仅能帮助译员获得专业实践所必备的知识和技能，而且还会将价值观和信仰纳入译员职业惯习中，从而影响他们的自我认知，以及随后的社会交往和专业实践。两位译员的口译不是中立的语言服务，而是个人谋生、获得荣誉、寻求保护和在社会中寻求更好地位的行动。

第六章，也是最后一章，是对全书的总结。抗日战争给译员带来的既有挑战又有机遇。一方面，译员需要在严酷政治统治下的军事冲突中谋生；另一方面，冲突促进了中国和外国力量之间的合作与互动，产生了对语言支持的需求，从而赋予了译员资本和权力。本书采用布迪厄的社会学框架，把译员置于更广泛的社会背景下进行分析，剖析了不同政治军事条件下的口译场域对译员资本、惯习以及幻象的影响，展示了不同译员所采取的自我保护的策略及获取更好个人发展或更高权力的途径，甚至为了实现自身利益最大化而跨越不同政治、军事边界的情况。

本书具有史料丰富、研究深入、宏观微观结合等特点。具体来说，

战争中的译员　SURVIVING IN VIOLENT CONFLICTS
CHINESE INTERPRETERS IN THE SECOND SINO-JAPANESE WAR 1931—1945

本书的第一个特点是史料来源多样，一手资料丰富。研究史料大量来源于档案、个人回忆录、传记、访谈以及二手资源（如历史研究出版物）。作者不辞辛苦，通过各种途径，从南京的中国第二历史档案馆、北京市档案馆、上海市档案馆、南京市档案馆、湖南省档案馆、重庆档案馆、台北历史档案馆、青岛市档案馆、美国国家档案馆等处，尽可能地获取了大量原始资料，首次用于研究。这些档案真实可靠，不仅有助于更全面地还原历史背景，还提供了关于不同权力结构中译员培训和雇用的大量信息。此外，书中还使用了大量未经出版的文件，包括政府记录、公共文件和个人收藏（如译员培训课程的同学录），也为抗战口译研究提供了极其珍贵的文献资料。尤其值得称赞的是，作者于2009年1月对严嘉瑞进行了为期两天的采访，了解严的家庭背景、应征译员的理由、申请口译职位的过程、接受的培训内容、对军事口译职业的了解，以及自我认知，并将采访作为研究的一手素材。作者不仅使用了国内材料，也大量引用了国外材料。这些来自不同渠道、不同年代的资料，相互补充和印证，保证了本研究的可信度。当然，作者也指出，由于各种原因，关于三种政治和军事机构（国民党政府、中国共产党和日军）的档案材料并不等量，也不能保证穷尽所有的档案，而这也为后续的研究留下了空间。

　　本书的第二个特点是理论运用娴熟，研究方法得当，分析透彻深入。历史是复杂的，在研究的时候切忌简单、片面和粗暴。面对纷繁复杂的史料，作者并没有迷失方向，而是条分缕析，娓娓道来。按照三个不同的口译场域分类叙述，在不同的场域中又按照时间顺序进行细分。作者没有进行简单的史料呈现，也不是进行简单的归纳，而是深入具体地运用场域、资本、惯习、幻象等基本概念，对译员群体和个人进行逻辑严密的剖析，深刻地揭示出口译场域中各种复杂的张力所带来的影响。通过对比三个不同场域中的口译员，作者既展示了他们多样化的社会文化背景，不同的资本、惯习状况，与社会中不同政治力量的交互策略；也总结了他们之间的相似之处和共同点。本书在研究中没有孤立僵化地看待口译人员，而是抱着动态发展的观点看待场域、译员以及他们的资本和惯习，而且充分展示了译员与场域之间的相互作用。此外，在运用布迪厄社会学理论的时候，作者灵活机动，对权力、身份、忠诚、制度化等概念也有所涉及，保证了论述的综合全面。

本书的第三个特点就是宏观与微观分析相结合。第二章至第四章从较为宏观的角度分析了三个不同的口译场域中为国民政府、共产党和日军服务的三个不同口译员群体，展现了抗战时期口译员所处的政治、军事和文化的宏观语境，体现了译员群体的共性。第五章对夏文运和严嘉瑞两位口译员进行了微观的个案研究，深入到译员的人生经历、角色、教育背景、担任译员的意图、译员身份的自我认知等微观层面，最大限度地展示了个体的差异。同时，这三个口译场域之间的对比、译员群体之间的对比，以及两位代表译员之间的对比，也让读者深入领会到他们之间的异同，理解影响战争时期译员生存的各种复杂因素。

四、本书翻译情况

本书作者郭婷博士毕业于英国阿斯顿大学翻译专业。现任埃克塞特大学高级讲师，博士生导师，现代语言与文化系研究伦理主任，

国际翻译学期刊 *Target* 助理编辑，*Translation in Society* 顾问委员会成员。她的英文原著是在其博士论文基础上修改而成的，被列为国际著名学术出版社帕尔格雷夫"战争中的语言"研究丛书（Palgrave Studies in Languages at War）第 10 种。

译者很好地克服了原著所具有的理论深度、历史广度、广征博引以及众多专有名词等挑战，出色地完成了这本质量上乘的译著。首先，译文紧贴原文，忠实传达了原文的信息，在细微之处显示出精益求精的精神。例如，译文对社会学理论术语的翻译准确到位、符合规范。其次，译文几经校改，流畅自然，符合汉语的表达习惯，符合汉语读者的阅读审美习惯。再次，译文用词造句极为严谨，符合学术规范。最后，译文采取灵活机动的原则，对极少数词句做了调整，以符合国内主流文化需求。整体看来，译文很好地展现了原文的学术精髓，有助于推动国内的军事翻译研究。期待这本精品译作尽快与读者见面，并为中国翻译研究带来新鲜而深刻的启示。

罗天
重庆交通大学外国语学院

缩略语一览表

BMA	北京市档案馆
CCP	中国共产党
CMA	重庆市档案馆
CMC	中央军事委员会
CPSU	苏联共产党
CUTEM	莫斯科东方大学中国部
FAB	国民政府军事委员会外事局
FAO	延安交际处（中央外事组或军委外事组）
HPA	湖南省档案馆
IMTFE	远东国际军事法庭
KMT	国民党
MSYU	莫斯科中山大学
NHA	中国第二历史档案馆
NHAT	台北历史档案馆
NMA	南京市档案馆
QMA	青岛市档案馆

| SMA | 上海市档案馆 |
| USNA | 美国国家档案馆 |

目 录
CONTENTS

第一章 引 言 / 001
    1.1 译员在战争中的角色和作用 / 006
    1.2 忠诚和身份：战争中的"汉奸"译员 / 010
    1.3 战争中的译员培训 / 013
    1.4 战时译员研究的布迪厄式方法 / 016

第二章 责任和问责：军事译员与国民党政府 / 027
    2.1 译员与变化的场域 / 030
    2.2 战时国民党的军事译员 / 033
    2.3 大学生军事译员的个案研究 / 065
    2.4 结论 / 078

第三章 政治信仰或现实获利？为中国共产党做口译 / 081
    3.1 中俄口译员 / 086
    3.2 场域中的意外利益 / 105
    3.3 结论 / 111

第四章 为敌军做口译：通敌口译员与日军 / 113

    4.1 汉奸：通敌口译员 / 116

    4.2 日军招募中国口译员 / 120

    4.3 口译员的表现 / 134

    4.4 结论 / 147

第五章 两位口译员：夏文运与严嘉瑞的个案研究 / 149

    5.1 夏文运：作为双重间谍的口译员 / 153

    5.2 严嘉瑞：一名训练有素的国民党军事口译员 / 169

    5.3 总结 / 178

第六章 结 论 / 181

附录：抗日战争年表（1931—1945）/ 188

参考文献 / 190

图表目录 / 210

致 谢 / 211

第一章
引 言

战争中的译员

第一章 引 言

在《鬼子来了》这部以抗日战争（1931—1945）为背景的中国战争电影中，效力于日本军队的中国译员董汉臣[①]被中国游击队抓获，一同被抓的还有一名日本士兵，随后两人交由中国村民进行审问。译员知道日本士兵气焰嚣张，再加上自己与日本军队勾结，这种局面足以将他置于死地，便充分利用他的语言能力在日本士兵和中国村民之间周旋，并暗中向驻扎在附近的日本军队发出求救信号。后来，中国村民和日本军队发生了冲突，译员设法活了下来。然而，战争结束时，译员被指为汉奸，并在中日双方军队以及中国公众面前被国民党军队公开处决。刽子手对他说："你助纣为虐，畏罪潜逃，罪大恶极。你的双手都是同胞的鲜血。不杀怎么能够平民愤。你还有什么话可以说？"[②]

这部电影虽然是虚构的，但的确向人们展示了抗日战争期间非常重要但鲜有研究的口译活动历史。这场战争始于1931年，中国和日本在华北发生冲突，但由于共产党和国民党政府（也称为国民政府）之间的内部斗争，以及他们在第二次世界大战期间分别受不

[①] 译员的名字别有深意：汉臣是"汉人（中国人）的臣子"，与本书后面提到的汉奸（背叛汉人的人）形成对比。
[②] 电影《鬼子来了》（姜文导演，2000年）中，国民党政府处决译员董汉臣一幕的台词。本书中所有翻译除非另加说明，都由作者本人完成。

同的外国势力支持，这场冲突很快演变成中国国内和国际政治、军事势力的角斗场（见附录中的时间线）。① 更具体地说，共产党的发展威胁到了国民党的政治统治地位，并分散了国民党对北方日军的注意力。虽然国共内战在 1937 年暂时停止，两党形成抗日民族统一战线，阻止日本向满洲地区之外进一步扩张（Ienaga，1978：64），但在军事行动、外交政策和对地理区域的控制方面，由于政治立场和意识形态观念不同，共产党和国民党仍存在很多分歧。这些分歧不可避免地导致了代表中国利益的两股抗日力量的出现。

电影中刻画的译员处于这些国家和国际权力关系的中心。这个虚构人物被中国共产党游击队俘虏，被中国村民拘押，被日本军队解救，被国民党军队处决，成为复杂的战时权力关系的焦点，然而他只不过是想在乱世中求得生存。对口译和译员的戏剧性刻画不是本书的研究重点，但这部电影确实提出了几个有趣的问题，也正是本书所讨论的与真实历史有关的问题，例如，这场国际战争涉及什么样的口译任务？译员是谁？战争是如何影响译员的工作的？为什么一些译员被当作汉奸？他们如何应对这一指控及其潜在的极端后果？

---

① 鉴于国民党政府直到 1937 年 7 月才正式对日宣战，对于抗日战争的起始日期可能存在争议。关于这个问题，中国的史学家已有很多讨论，他们当中很多人认为战争开始于 1931 年 9 月 18 日，这一天日军挑起了"九一八事变"。根据我之后有关华北占领区口译活动的讨论，本书中抗日战争涵盖了从 1931 年 9 月 18 日到 1945 年 9 月期间，日军在中国战区投降等一切事件。——作者原注
2017 年 1 月 3 日，教育部基础教育二司发布《关于在中小学地方课程教材中全面落实"十四年抗战"的函》（教基二司函〔2017〕1 号），要求在中国内地的教材中落实"十四年抗战概念"的精神，凡有"八年抗战"字样，改为"十四年抗战"，并视情况修改相关内容，确保树立并突出十四年抗战概念。——译者注

第一章 引 言

对抗日战争时期的口译历史和中国译员的研究很少。据我所知，只有两位中国学者讨论过这个话题：严嘉瑞（2005）和罗天（2008、2011）。罗天（2008）简要介绍了国民党政府招募军事译员的历史，认为这些译员在战争期间对中美军事合作做出了重要贡献。另外，基于从译员口述和逸闻逸事中收集的信息，罗天（2011）主要论述了战争期间中国军事译员在滇缅战役中的作用，并提供了这些译员在战役中参与中国军队行动的一些重要信息。作为国民党军事口译培训的见证者，严嘉瑞发表了有关这段历史极其珍贵的资料，包括口译教科书《翻译官英语四十课》的序言（1945），非常有助于我对国民党口译培训的研究。然而，除了这两项研究之外，抗日战争期间的口译在翻译研究中几乎从未被提及，尤其是涉及中国共产党和日本军队的口译活动。此外，在这场战争中，译员的培训和实践几乎没有理论化或概念化的讨论。本书旨在填补这两个方面的空白，更全面地再现战时口译情况，并使用布迪厄的社会学框架将口译人员在战争中的各种实践概念化。

鉴于在抗日战争期间，执行口译任务的人在不同环境中的称谓不同，首先必须明确本文使用的术语"译员"的含义。由于直到第二次世界大战结束，译员才被确立为一种职业，所以在抗日战争期间，笔译和口译之间的区别对于中国当局和公众来说都很模糊。例如，国民党政府雇用的译员通常被称为"翻译官"或"译员"。[1]

---

[1] 尽管译员的两个中文头衔——翻译官和译员的英文译名相似，但他们在权力和地位方面却不尽相同。"翻译官"中的"官"表明该译员是有军衔的军官，而"译员"中的"员"泛指政府或军队职员，比如秘书、打字员等。

然而，国民党在与美国驻中国部队的英文通信中明确地将翻译官或译员称为"口译员"，将国民党的"译员训练班"称为"口译员学校"。因此，这些笼统的术语并不意味着译员与负责文字翻译的笔译者毫无差别。大部分国民党译员其实是军人。由于军队混杂的语言需求和战时资源的稀缺，他们通常既要负责口译工作，也要负责笔译工作。然而，在被日军占领的地区，译员通常被称为"通译"（用不同语言帮助别人交流的人）。① 考虑到当时日本的影响力，这个词很可能是从日语"通訳"中借用过来的，而不是对金代（1142—1155）使用的汉字"通事"（口译员）的改用（Cheung，2006：198）。在诸多中文术语中，本书选择使用"译员"来区分真正的口译人员和早期研究中提到的战时书面翻译人员（例如：邹振环，1994；袁斌业，2005；陈艳，2005）。

1.1 译员在战争中的角色和作用

无论是和平谈判还是军事行动，国际政治中历来都有语言学家的身影。然而，译员在战时的角色和作用直到最近才被明确作为研究主题。

战争法庭中的口译研究是个例外，比如对欧洲国际军事法庭和远东国际军事法庭（IMTFE）就早有研究（Gaiba，1998；Shveitser，1999；Takeda，2007）。然而，大部分法庭口译研究都是对审判期间的同声传译内容进行话语分析，以及对口译体系结构

---

① 据《汉语大词典》（2005）解释，通译的意思是"互译两方语言使通晓"。《康熙字典》（2002）中对"通"的一个定义是"凡人往来交好日通"。

的研究，包括如何选择和监督译员。一些学者对译员进行了历史研究，而这对于研究战时译员的角色和作用更有价值。这些学者包括迈克尔·克罗宁（Michael Cronin, 2003/1997, 2006）、安东尼·皮姆（Anthony Pym, 1998）、让·德利尔（Jean Delisle）、朱迪思·伍兹沃思（Judith Woodsworth, 1995）以及露丝·罗兰德（Ruth Roland, 1982, 1999）等。罗兰德在她的著作《"外交官"译员：世界政治中译员角色演变的外交史》（*Interpreters as Diplomats: Diplomatic History of the Role of Interpreters in World Politics*, 1990）中，对译员在外交和政治史上的多重角色进行了引人入胜的历史描述。她的研究基础包括外交逸事、译员日记、国际政治和军事会议及条约备忘录以及政府行政记录。她指出，译员是军事征战和政治谈判中的重要消息源，他们的政治或军事背景可能会在战时赋予其较大的权力（Roland, 1999：171）。然而，当他们的意识形态和文化观念受到挑战或生命受到威胁时，译员很可能"严重滥用权力"，而不会自觉遵守职业规范（Roland, 1999：172）。

通过研究殖民时代和两次世界大战期间对译员的招募和使用情况，玛格丽特·鲍温（Margareta Bowen）认为在译员的使用过程中会出现很多问题（例如，"忠诚、礼仪或道德问题"）。毕竟口译是一种人为活动，是"高度个人化的个体间斡旋行为，而这些个体往往具有强烈的个性"（Bowen, 1995：273）。然而，在迈克尔·克罗宁（Michael Cronin）看来，这些问题根本不是"问题"，而是"生存策略"（Cronin, 1997：394）。根据他的观点，口译活动的核心问题是控制，这直接影响译员在社会中的表现。他认为：

纵观历史，译员的角色是由当时社会的权力等级结构及其在该结构中的地位所决定的。也就是说，对于在等级结构中处于极为不利地位的这类人群，最合乎道德的立场可以是以另一种忠实的名义，在口译中完全"不忠实"，即抵抗式忠实。这不是"问题"，而是一种生存策略。（Cronin，1997：394）

"生存策略"精确概括了译员在冲突情况下的实际关切点。这一概念随后由克罗宁进一步阐述为"主体性"（2006）。克罗宁强调，跟笔译者不同，口译者是能被其他行动者和机构亲眼看到的，因而更容易因为交流失败而受到惩罚性伤害（Cronin，2006：78）。因此，在他看来，这种主体性不仅是指译员能够利用他们的身体表现（比如声音、声调、手势和面部表情）来表达观点，还暗指译员的身体也能反过来影响他们的行为，因为译员通常很清楚自己的口译活动所面临的后果（Cronin，2006：78）。

最近，笔译和口译学者开始研究翻译和冲突的话题，特别是笔译者和口译者在冲突中的干预身份（例如 Baker，2006，2010；Cronin，2006；Dragovic-Drouet，2007；Footitt and Kelly，2012a，2012b；Inghilleri，2003，2005a，2005b，2008；Jones and Askew，2014；Kelly and Baker，2012；Palmer，2007；Torikai，2009）。通过研究近些年来国际政治争端（比如在古巴关塔那摩湾的美国拘押中心）和武装冲突（比如在伊拉克和前南斯拉夫）中的笔译者和口译者，他们发现无论是当地招募的译员，还是提前培训的译员，其职责都远远不仅仅是翻译。比如，杰瑞·帕尔默（Jerry Palmer）采访了几名 2003 年以来跟伊拉克当地译员合作过的西方记者，发现在这些记者眼中，译员就是一个能解决各种问题的"行动者",需要帮忙安排采访、选择受访人(在限制范围内)、进行安全评估以及寻求当地关系网来保护记者(Palmer,2007:18—23)。帕尔默说到,西方记者要求伊拉克当地译员从事非语言相关的工作并不罕见,甚至译员能否被聘用就取决于其解决各种问题的能力(Palmer,2007:18—23)。米拉·德罗戈维奇-德鲁埃(Mila Drogovic-Drouet)对1991年南斯拉夫联邦解体后笔译和口译实践的研究(2007)对这种"行动者"模式进行了更丰富的描述。德罗戈维奇-德鲁埃表示,在前南斯拉夫,大量联络译员和助理译员都由当地居民担任,他们的服务对象包括媒体、国际组织、非政府组织和维和部队。他们中的许多人并未接受过翻译培训,扮演着类似帕尔默的"行动者"模式的角色。然而,她也提到,当地政府会基于效忠程度雇用一种特殊的译员,即"官方翻译"(Dragovic-Drouet,2007:34—35)。因此,除了语言方面的调解人,这些联络译员还是当地势力的延伸,因为在口译实践中,译员会筛查或修改对政府不利的信息,以维护自己的立场。这些学者的研究揭示了一个非常重要却常常被刻意淡化的事实,即译员的作用在战争中是被认可的,有时甚至构成其众多角色中不可或缺的一部分。

事实上,根据最近的"战争中的语言"项目研究(见 Footitt and Kelly,2012a,2012b;Footitt and Tobia,2013;Jones and Askew,2014;Kelly and Baker,2012)可知,译员在军事任务中积极参与翻译以外的事务是常有的事。例如,希拉里·富迪特与迈克尔·凯利(Footitt and Kelly,2012a)和富迪特与西蒙娜·托比亚(Footitt and Tobia,2013)的研究表明,在第二次世界大战中,英军曾任命训练有素的笔译员/口译员在布莱彻利公园从事情报活动。虽然他们没有提供译员从事情报收集和分析工作的诸多细节，但至少推翻了"受过正规训练的译员只愿做翻译"的假设。正如迈克尔·凯利和凯瑟琳·贝克（Kelly and Baker，2012：55）所说，战时对语言专业人才的部署基本上是按需调配。因此，培训只是为了让译员准备好在不同情境下担任多重角色。译员的多重角色反映了冲突的"混乱"本质。冲突中的决策都是基于可用资源迅速做出的。翻译和其他身份的叠加对译员来说无疑是个挑战，但同时也让他们拥有了更多资本（比如军衔、头衔和关系网），进而直接或间接为其提供保护，甚至赋予其更大的权力。本书中讨论的译员被裹挟在不同的战时政治和军事结构中。他们的角色也因此由这些政治和军事力量之间以及与其国际同盟之间的相互作用所定义和塑造。因此，译员的作用不仅与其个人背景、立场以及语言和社会技能有关，还与他们在特定环境下扮演的角色有关。有鉴于此，为了更好地了解译员在战争中的角色和作用，本书综合考虑了译员多样化的社会文化背景以及他们与社会中不同政治力量的交互。

1.2 忠诚和身份：战争中的"汉奸"译员

在口译研究中，"身份"一词经常与限制性的道德准则和规范性的译员角色紧密联系在一起：严格遵守源语语言特征、保持低调以及采取公正且中立的立场。在没有阐明译员可以采取何种身份的情况下，译员培训和职业实践中似乎总是优先遵循这些准则。对中立性和公正性的强调将译员与其身份剥离开，有时还能帮助他们获得客户的信任。然而，这也淡化了译员的身份问题，忽视了译员的生物属性和社会属性。在存在利益冲突的情况下，比如战争，不允许存在模棱两可的身份,特别是对于像口译员这种需要在利益冲突双方之间周旋的人。然而,要明确译员的身份并没有想象中的那么简单。正如莫娜·贝克(Baker,2010:200)所说,一个人在战时的身份与其行为或信仰无关,而是"几乎完全由其他行为者构建和强加以适应战争的需要"。无论译员把自己和冲突中其他相关方之间的界限划得多么清晰,他们还是经常会受到客户的怀疑。如果他们为"敌人"而不是"自己的国家"工作,他们会被"自己人"指责为背信弃义。例如,根据武田佳子(Takeda,2007:94)的研究,在第二次世界大战期间和远东国际军事法庭上,美军曾招募许多日裔语言学家(日本出生的第二代移民),负责翻译截获的文件、审讯日本俘虏和支持宣传活动等重要工作。然而,所有的日裔美国人先是被评估和归类为4-F(身体、精神或道德上不适合服兵役),然后又被归类为4-C(敌侨,因国籍或血统而不能服兵役)(Takeda,2007:94)。因此,尽管他们是美国国籍,这些日裔语言学家不得不因其原属种族而遭受偏见和怀疑(Takeda,2007:97—98)。这种政治忠诚和身份的混乱让许多译员陷入不可调和的矛盾之中。正是应了那句老话,"翻译即背叛"。如果译员忠于自己的工作,通常就会被认为是对自己的族群不忠(Rafael,2007:245)。这可能解释了为什么研究员和职业译员都对"身份"这个话题感到苦恼,以及为什么在2002年伊拉克战争中为美军服务的许多伊拉克译员会戴上面罩来隐藏自己的身份。

在抗日战争中,效力于日军的中国译员也陷入了类似的艰难处境。无论他们在战争中扮演什么样的角色,都一律被贴上"汉奸"的标签(关于该术语的战时应用,见第四章)。"汉奸"这个词的字面意思是"中国人中的恶人",实际上是指背叛中国的人。在19世纪鸦片战争之前,它的覆盖面非常广,可以包括任何与外国人有关系的人(例如,为外国人工作、与外国人交好或是学习他们的语言)(Waley, 1958: 222)。中国在鸦片战争中遭受的一系列失败使中国当局更加怀疑和厌恶那些为外国人服务的人(包括译员)。王宏志(2007)举过一个名叫鲍鹏的译员的例子。他是第一次鸦片战争(1839—1842)期间服务于中国官员的主要译员之一,但被一些官员指控为秘密为英国人工作的汉奸。然而,虽然鲍鹏确实声誉不佳,无论是中方还是英方,都认为他"狡猾、不可靠……毫无信誉……(但是却)非常善于交际",可是并没有证据证明这位声名狼藉的鲍鹏,在战争期间是为英国工作的一名间谍(Waley, 1958: 51—54)。因此,这个标签其实是对身体上或心理上接近外国侵略者行为的道德谴责。只要与跟中国有利益冲突的外国人有关系,就会被贴上"汉奸"标签,这说明一个人在战时的主要身份是国家身份,这一点几乎没有商量的余地。译员"公正、中立"的角色恰恰违背了他们的国家身份。鉴于战争结束后"汉奸"们遭受的无情迫害,给中国的"通敌"译员贴上"汉奸"的标签实际上是将译员与其他中国人永久地划清了界限,也让后来人怯而止步。

因此,身份确实是一个有用的概念,有助于捕捉和分析译员在现实社会中不得不面对的紧张和压力。然而,很难在历史性项目中进行心理分析以研究译员如何产生自我认同,因此本书主要分析译员在现实世界中的行为,并采用布迪厄提出的"认同感"概念,即行动者(agent)的社会形成认知和隐性自我表征。所以这个概念强调了译员的自我认同和他们在战时因国家利益冲突而采取的实际策略。需要指出的是，布迪厄很少谈及身份问题。事实上，身份可能是他试图规避的字眼儿，因为身份透露出行动者的意识认同和不可改变的社会分类，而这种概念化正是他的惯习概念所要挑战的。布迪厄认为，行动者身份从来不是稳定的或预先确定的，而是在社会化过程中依据实际情况而确定和改变的。在这个过程中，制度往往起到决定性的作用。通过教育结构（例如历史和地理方面的课程）、语言标准化、文化市场统一（例如出版和媒体）、社会仪式和道德培养等，使行动者接受官方主导语言和文化，从而在头脑中形成一个法定的国家形象并产生归属感（Bourdieu，1998a/1994：45—46）。官方语言通过规范和教育被合法化，并得以维持。之后，这些行动者将官方语言内化为他们语言惯习的一部分，并以一种国家身份的形式表现出来。战争期间不同政治力量进行的译员培训在很大程度上决定了这种教化过程以及语言在身份认同中的作用，特别是当法定语言和强制的语言教育与行动者先前确定的国家认同不相同的时候更是如此。被占领地区的中国"通敌"译员（或"汉奸"译员）是译员在战时可能遇到的身份危机的一个很好的例子。它与译员的越界策略的关系在第四章和第五章都有详细讨论。

1.3 战争中的译员培训

虽然培训在口译研究中不是一个新的课题，但对特定战争中口译培训的系统研究却很少。究其原因，部分可能是由于获取军事冲突中的敏感信息以用于实证研究的难度较大，部分是由于在这些情况下笔译者和口译者往往并未明确区分。有人曾研究过"二战"期间美军对语言官的培训，恰好与本书研究的译员培训处于大致平行的历史时期。例如，罗杰·丁曼（Roger Dingman）曾基于保存在科罗拉多大学博尔德分校日语语言学校档案处的档案、个人日记和译员回忆录等信息，研究了1942年至1946年间美国白人日语军官的选拔以及在美国海军日语语言学校（JLS）的培训。这些译员在1941年至1945年间被派往太平洋战场工作。根据丁曼（Dingman，2004：867—868）的说法，他们通过高效的跨文化交流为美国取得战争的胜利做出了重大贡献。正如丁曼所说，军人的责任感和认同感是美国译员培训的一个重要方面。从应征到培训再到投入工作，作为美国人的国家认同感和对美国海军陆战队的绝对忠诚不断被强化，决不允许动摇。乔治·H.丹顿（George H. Danton，1943）和武田佳子（Kayoko Takeda，2007）的研究也证实了美国译员培训中对译员信念灌输和政治忠诚的重视。这两位学者研究了美军招募第二代日裔美国人作为军事译员时的信任问题，以及美军如何利用训练来培养和加强译员对军队的政治忠诚。然而，托马斯·O.勃兰特（Thomas O. Brandt，1944）对这段军事译员培训的历史提出了略有不同的观点。他指出，美军的目的是培养掌握外语和当地知识的军官（被称为语言和地区项目），最终不再依赖当地招募的军事译员。勃兰特还指出，美军的计划是与美国大学的外语系合作，培养熟练掌握外语并且熟悉当地风俗、地理、历史、政府和文化的军官。九个月的培训后，期望他们可以"在没有语言和生活协助的情况下在敌区生活，独自在异国能够应对自如"（Thomas O. Brandt，1944：74）。被选中的受训者都具有很高的智商，并且在能力测试中表现优异。勃兰特没有给出关于培训结果的更多细节，但他认为，对这些未来军事语言专家的培训是"值得的，同时也是必要的，对于赢

第一章 引　言

得战争、与敌国被占领地区的平民合作、与盟友合作以及维持长期和平非常重要"（Thomas O. Brandt，1944：74—75）。

在当前的国际武装冲突中，军职人员的语言技能也会进行培训，以利于国际战争中的行动和合作。由于军职人员通常已经通过了安全检查并接受了实地训练，因此他们更适合涉及敏感信息的任务，在战争中遇到危险时也更能灵活应对（Kelly and Baker，2012：44）。例如，英国国防语言学院（UK Defence School of Language, DSL）和位于北卢芬纳姆（North Luffenham）的英国军事情报学院（UK Military Intelligence School），都为英国军队人员提供短期语言课程（通常为3—5个月）。然而，凯利和贝克（Kelly and Baker，2012：32）指出，由于时间有限，在这些培训课程结束时，官员们的外语通常只能达到会话水平，相当于欧洲语言共同参考框架（CEFR）的B1水平，即可以就个人、家庭、爱好、工作和其他日常话题进行简单的对话（Kelly and Baker，2012：34）。诚然，就语言学习而言，3—5个月的时间确实很短，期望所有官员都能达到会议口译员一样的水平是不现实的。但考虑到战争的紧迫性，无论对个人还是军队来说，投入这么长时间已经很可观了。这就让人不禁要问，军事译员培训的目的是什么？它会如何影响译员的工作实践呢？英国国防语言学院的语言强化培训课程负责人埃莱尼·马尔库（Eleni Markou）（2006）指出，战前、战时和战后都需要语言学家/译员，主要涉及以下三个领域：

（a）内部管理和运作（多语言的况下）；

（b）和平时期与外部组织的交流（政治问责、外交、公共关系）；

（c）部署战场内的职责：

- 冲突前：监视、情报收集；
- 冲突中：态势感知、战俘管理、难民安置；
- 冲突后：实行军事管制、与市政当局交接；
- 人道主义援助活动。

她还指出了军事口译的一些属性，包括英语/母语混合、文化适宜性（地位、性别、年龄）、可靠性、忠诚度、战争意识、忠诚调查以及与团队的（非语言）配合度。让人惊奇的是，军事译员的许多属性与语言无关，而是关乎译员的社交能力和个人品质。这些方面在当前的口译研究中鲜有讨论，有些甚至在职业译员看来是无关紧要的。虽然马尔库没有解释如何在译员招募和培训中评估这些品质和能力，但她设想的军事译员培训目标很有启发性。它不仅支持译员在战争中发挥多种作用，还帮助我们理解军事译员培训的本质，即除了语言培训，还要培养受训人成为称职且忠诚的军官，为可能需要他们语言专长的任何任务做好准备。这种以实践为导向的译员培训一方面反映了国际地缘政治格局中对译员的多样化且多变的需求；另一方面表明在某些情况下，译员可以将口译活动和其他活动融合在一起。这种融合对以往以语言层面为中心的译员研究提出了挑战，要求以更广阔的视角来综合看待译员在社会中的语言和非语言活动。

1.4 战时译员研究的布迪厄式方法

在过去的 10 年里，翻译学术界最常谈及的一位社会学家是全球闻名的法国社会学家和人类学家皮埃尔·布迪厄（Pierre Bourdieu）（1930—2002）。他之所以受欢迎，部分与翻译界越来越认识到翻译是一种社会行为有关。大量文献采用布迪厄的社会学方法进行翻译研究（Simeoni, 1998, 2005; Gouanvic, 2002, 2005; Inghilleri, 2003, 2005a, 2005b, 2008; Wolf, 2002, 2007a, 2007b, 2015），他的"惯习"（habitus）、"资本"（capital）、"幻象"（illusio）和"场域"（field）等概念在各种各样的语境中被广泛讨论，从庇护口译（asylum interpreting）和文学翻译到译者的职业化，等等。这些相互关联的概念构成了布迪厄用了近30年时间构建的社会学理论体系的基础。布迪厄将他的理论体系描述为一种侧重于分析主体的社会实践，特别是社会主体和社会结构之间辩证关系的实践理论（Bourdieu, 1977/1972: 16—22）。

最近，越来越多对庇护听证会和国际冲突等形势下的口译进行研究的人，通过强调译员在社会和文化环境中的积极参与，对以文本为导向的研究方法（如历史分析法）的优势提出质疑（Cronin, 2003/1997, 2006; Inghilleri, 2003, 2005a, 2005b; Tipton, 2008; Palmer, 2007; Drogovic-Drouet, 2007）。为了把口译员这种积极作用理论化，包括莫伊拉·因吉莱莉（Moira Inghilleri）在内的学者借鉴了布迪厄的社会学方法，主张从社会学和民族志的角度进行口译研究。因吉莱莉（Inghilleri, 2005a: 126）指出，布迪厄方法"提供了一套有力的工具"将译员实践概念化，尤其是他们在特定的历史和社会文化背景下"复现或转换"的角色。对译员的布迪厄式研究表明翻译研究人员期望借助社会学，特别是布迪厄的社会学方法，获得理论和方法上的启发（Wolf, 2007a）。然而，尽管社会翻译学方面的文献不断涌现，但与口译员相关的研究却很少，尤其是系统实证研究和理论思考研究。正如因吉莱莉所说：

真正的出发点是要对以下主题进行实证考察：口译员的社会实践活动，他们在特定场域的位置和相对应的涉及口笔译两种行为的资本的特征，与这些口笔译行为相关联而发生的学术活动，以及他们与权力场域的关系，等等。（Wolf, 2007a: 129）

这种社会学视角与口译研究很契合，因为口译员首先是社会存在，口译是社会主体和机构之间的社会互动，而不仅仅是口译员的语言实践。因此，本书以这一假设为出发点，运用布迪厄式理论框架来研究特定战时情况下的译员。本书探讨以下问题：存在口译场域吗？如果存在，该场域是如何构建的？译员又是如何定位的？译员需要什么样的资本才能进入该场域？哪些因素可以影响译员职业惯习的形成？译员如何应对危及其生命和场域中定位的情况？本书旨在通过对抗日战争中译员实践的系统分析，将这些理论问题进行情境化探讨。

通过借鉴布迪厄的框架，本书首先重建了社会空间，以对战争期间译员的实践进行情境化分析。布迪厄认为，社会空间是由多个场域组成的多维空间，在这个空间中，主体的位置是由他们的资本决定的（Bourdieu, 1991: 229、231）。布迪厄改写并重新定义了一些现存的社会学概念（如惯习、场域和资本），这些概念共同构成了他用来分析社会主体实践的公式：〔（惯习）（资本）〕+场域＝实践（Bourdieu, 1984/1979: 101）。运用这一公式，布迪厄认为主体实践是惯习和资本的结果，由结构化的社会条件和主体所属的场域激活和制约，而场域又通过译员的实践而改变（Bourdieu,

1984/1979：101）。布迪厄认为，行动者惯习是基于主体在场域中的位置而形成的，因为位置之间的客观关系体现在他们的身体中。也就是说，主体资本的数量和构成决定了他们的地位和可以获得的利益。这种资本结构相应地被重新转化为偏好系统或惯习，指导主体在场域中的选择和方向。

由此得出，与抗日战争期间中国的三股主要政治和军事力量有关的三大口译场域是：日军、国民党和中国共产党。由于在不同地区的军事封锁和政治优势，这三个场域之间的区别在某种程度上是地理上的。然而，实际上，这三个场域在物理上不是分开的，三者控制的地理区域并没有明确界定。相反，由于频繁的军事行动、政治谈判和情报活动，它们是相互依存、相互重叠的，尽管由于共产党和国民党之间的内部冲突以及共产党或国民党和日本之间的外部冲突，这种重叠并不均衡。虽然具有复杂的军事和政治关系，这三个场域各有特色。译员不仅被限制在特定的地区和特定的权力等级，招募和培训也是针对这些政治和军事力量专门进行的。

这种三重场域视角影响了我对译员培训的性质、培训对译员的影响以及译员通过口译实践与其他主体和机构互动的方式的历史和档案调查。布迪厄关于行动者惯习的形成和发展的论述，更是为讨论译员通过培训和专业实践获得和改善职业惯习的过程提供了一个理论平台。为了实现情境化分析，我仔细查阅了从档案馆检索到的信息，包括教科书、教学大纲和对译员的评估和反馈。我还认为，在讨论译员过往社会经历对其职业惯习形成的影响时，译员的教育、家庭背景和其他社会背景是研究重点。

在讨论了译员的职业惯习后，我利用档案资料及相关译员和见证人的回忆录研究了战争期间译员的具体表现和作用，这反映在个体译员为生存所做的斗争以及他们的越界策略当中。这一部分分析应用了布迪厄的行动者身体化惯习（agents' embodied habitus）和资本（如政治资本、社会资本和象征资本）的概念，以获得译员在其社会实践中的语言和社会能力的相对价值，并将由他们在不同权力等级中的社会地位和政治地位产生的社会构成和认可的权力概念化。

为了进一步研究译员在社会环境中的主动定位，我考察了译员在口译场域内外的进退，也就是考察他们如何成为译员，以及如何抉择继续还是终止译员职业生涯。虽然布迪厄采用的民族志方法不适用于本历史考察项目，但他的社会学框架，特别是他关于行动者"幻象"和实践之间关系的论点，提供了一个非常有价值的视角，可以用来阐释译员在社会环境中的自我认知和职业发展。基于回忆录和采访等传记材料，本书还回溯了一些个体译员的社会轨迹，并揣摩了他们关于对场域和自己职业实践认知相关的心理活动。由于大多数译员已过世，所以无法进行系统的实地调查或采访。但由于本书主要研究个体译员及其具体行为，布迪厄的社会学方法和他对行动者实践的强调，非常适合我的这个考察译员主动选择立场行为的研究，并弥补了基于机构档案的译员行为研究的不足。

由于缺乏相关的文字记录或录音，本书没有使用传统的话语分析。同样，要重构在某个特定历史时刻某个译员的内心世界也是一件很难的事情，尤其是在他们已不在人世的情况下。不过好在档案和个人回忆录形式的信息非常丰富，当时译员工作的社会结构得以充分揭示。因此，本书采用了社会学方法来主要研究译员在社会环

第一章 引言

境中的行为，特别是他们的立场和与其他行动者和机构的互动，至于他们的语言能力，本书没有过多关注。虽然这种社会学方法可能无法完整地描述这一时期的口译历史，但确实能为描述和分析特定历史背景下的口译实践提供一个有用的工具。因此，通过研究译员培训课程和一些译员的社会轨迹，形成了对译员的社会化和他们在特定历史时期定位的初步看法。

信息来源包括档案、个人回忆录、传记、访谈以及二手资源（如历史研究出版物）。档案文件是尤其重要的信息来源，不仅有助于更全面地还原历史背景，还提供了关于不同权力结构中译员培训和雇用的大量信息。此外，本文提到的几乎所有文件，包括政府记录、公共文件和个人收藏（如译员培训课程的同学录），都从未出版，因而是首次用作研究材料。除了台北历史档案馆和青岛市档案馆的资料是通过朋友获取的，其他资料都是我在2007年和2008年亲自去国家档案馆和各级地方档案馆收集的。当时拜访的档案馆包括南京的中国第二历史档案馆、北京市档案馆、上海市档案馆、南京市档案馆和湖南省档案馆（见本书开头的档案馆列表）。出于各种原因，这些档案文件中包含的关于三种政治和军事权力（国民党政府、中国共产党和日军）的信息并不等量。由于战争破坏和对公众查阅档案的限制，许多信息仍然缺失。例如，保存中国共产党所有历史档案的中国中央档案馆仍然不对公众开放。因此，本书只能基于现有的资源进行档案研究。

除了档案文件，本书还借鉴了各种传记材料（回忆录、传记和采访），这是一种在社会科学研究中存在争议并且经常受到排斥的做法（Watson，1976：95）。争议在于这些个人叙事存在主观性，主要是两个方面：自传内容的可靠性，以及来自他方的干预，比如民族志学者、译员和采访者。即便如此，社会科学仍然使用传记材料，只是需要慎重使用。其实，主观性也可以看作传记材料的一个优势，也是本书应用布迪厄社会学框架的一个关键。正如珀克（Perk，1998：69）所说，个人讲述的生活故事带有"个人参与的更近的视角"，可以"弥补大多数历史出版物中存在的年代距离"。由于本研究使用这些传记材料的目的是揭示和分析译员在社会环境中的实践，而不是重现中国共产党的历史，或制作战争纪录片，所以这种个人参与是分析的重点。虽然所说的内容可能会受到信息提供者之后经历的影响，但他们对过去的理解和对自己生活的定义，为特定历史时期的行动者"幻象"、行动者的自我认知和对社会结构的感知提供了有价值的线索。鉴于见证者或其他用来重建译员在这一特定历史时期的内心世界的资源有限，这些信息显得愈发珍贵。此外，这些信息提供的方式也能揭示很多问题，包括这些个体信息提供者如何看待历史。例如，信息提供者对某些主题的过分强调或采取防御立场，往往会暴露他们的价值观，并表明其意识到了潜在冲突（Watson，1976：107）。这种个人观点和感受很难在传统历史书籍甚至档案文件中找到。比如国民党对日军的中国或日本译员的审讯记录，这些资料通常是体制化的。因此，传记材料分析对本研究来说其实有望成为一种富有成效的研究方法，不仅可作为其他资源的补充，也促进了对译员"幻象"和实践的布迪厄社会学路径研究。

本书基于前面提到的三个口译场域，确立如下组织结构：第二章考察了国民党在整个战争的不同时期对译员的培训和部署。作为抗日战争时期代表中国的官方政府，国民党是国际援助的主要接受者,也是中国在盟军阵营中的代表。由于与外国势力频繁互动的需要,国民党加大了对译员招募和培训的投入,涉及至少三个主要语言对,以适应不同时期的需要:20世纪30年代初的中德通译、30年代末的中俄通译和40年代初的中英通译。本章分析了国民党内部对译员不断变化的需求,认为口译场域(例如,译员职位的获取和译员资本的相对价值)直接受到国民党外交政策和政治战略的影响。基于从中国第二历史档案馆检索到的信息(包括教科书、教学大纲、对译员的评估)以及国民政府军事委员会外事局关于译员接受纪律处分、免职或荣誉的记录,本章讨论了"优秀口译"和"荣誉译员"的标准是如何建立并巩固的,以及如何体现为译员职业惯习的一部分。

相比之下,在第三章可以看到,中国共产党因当时的政治地位"未被承认"且意识形态上与俄共联系紧密,所以除了共产国际的支持之外,几乎没有得到什么其他国际支持。这种情况阻碍了正式译员职位的设立,但鼓励译员在党内发展自己的事业。为了重建这一口译次场域(sub-field of interpreting),本章首先讨论了共产国际在20世纪30年代早期对中国共产党的深远影响,以及会俄语的人——特别是"归国留俄学生"(由中国共产党资助在苏联学习一段时间后返回中国的中国学生)——为共产国际在中国的代表进行口译的机会。然而,本章后半部分会提到,这一分场域经历了重大变化。由于中国共产党内部就对苏关系问题存在分歧,与共产国际译员职位相关的利益也受到了影响。为了论证场域的变化并重新评估中俄通译的语言和政治资本,本章分析了两位译员的社会轨迹。他们曾与20世纪30年代唯一常驻中国共产党的共产国际代表李德

(Otto Braun)一起工作。本章还分析了这两位译员在不同时期对翻译工作态度和反应的改变,尤其是当中国共产党改变对共产国际的政策时。分析认为,这些译员并不认为自己是"共产国际的译员",他们更关心自己在中国共产党党内的政治地位和立场,会在必要时重新定位自己,以强调他们的政党主张。这种务实的态度和积极的重新定位也反映在20世纪40年代延安公众对学习俄语的兴趣上(因为当时中国共产党期望与苏联进行军事合作)。美国迪克西使团(US Dixie Mission)在战争即将结束时访问延安,这促使公众对学习英语产生了浓厚兴趣。

接下来,第四章研究了日军培训及雇用的译员。与国民党或共产党雇用的译员不同,这些译员因服务于日军而使其生命和声誉都面临危险。通过参考南京、北京和青岛市档案馆提供的信息(例如,各地方合作政府的译员招募记录和日本宪兵队译员评估),本章介绍了在不同级别的职位上口译的分层场域。级别不同,在当时权力中的利益就不同。作为傀儡政府和外国侵略者之间的合作纽带,这些译员被贴上了"汉奸"的标签,成为战争中暗杀和战后审判的对象。然而,对个体译员来说,从事口译往往是一种生存策略,也是为了在新近出现的权力等级体系中谋取个人利益。译员为生存所做的努力和周旋于不同(通常是相互冲突的)权力结构的策略,为讨论冲突场域之间的紧张关系及其对译员实践的影响增加了一个重要层面。这种努力和策略在第五章两位译员的案例研究中进行了专门论证和阐述。第一位译员夏文运是一名中日通译,服务于日军,但在战争中与国民党秘密合作。第二位译员严嘉瑞是国民党与美国军事联合期间培养的军事译员。对夏文运和严嘉瑞两位译员的分析提供了更详细、更有条理的定性信息,补充和明确了前几章介绍的内容。前几章的信息更偏向定量,侧重于某些机构内的译员。

本书未声称对抗日战争期间的翻译活动做百科全书式的介绍。相反,为了保持范围可控,主要研究由三大政治和军事力量组织的口译活动。然而,不可否认的是,这种研究方法反过来又受到信息有限的限制。同时,我自己的日语水平有限,所以只能利用英语和汉语资料进行研究。尽管如此,本书通过对鲜有研究的资料(包括档案文件、回忆录和采访原稿)进行首次考察,为解决本章中提出的理论问题提供了有价值的信息。

第二章
责任和问责：军事译员与国民党政府

第二章 责任和问责：军事译员与国民党政府

为了使抗日战争期间的中国译员研究更加情境化，首先要考察国民党政府——中国当时最重要的政治和军事力量之一，也是我们讨论的译员的主要雇主。自1912年起，国民党政府便成为中华民国的官方政府。1927—1928年，国民党通过北伐实现了名义上的国家统一，但与中国共产党发生了持久的内战（Bedeski，1981：25）。国民党政府在战前建立和发展的行政和军事制度，加强了其对中国的社会、经济和政治事务的控制，包括税收、教育、出版、治安和军队。事实上，到1936年年底，尽管日本侵占了华北，并且中国共产党在中国中部建立了苏维埃根据地，但国民党政府仍然控制着全国18个省中的11个省（Twitchett et al.，1993/1986：170）。

战争期间，在统一战线政策（将中国共产党和国民党的联合抗日在政治上合法化）的基础上，国民党政府保持了对中国大部分军事和经济资源的控制，并作为中国官方政府的身份与盟军开展合作。在整个战争期间与其他国际势力的交往中，国民党政府雇用了大量译员，但译员的招募、培训和雇用是独立于中国共产党的，并且是在其政治和军事统治的权力体系中进行的。这种主导地位决定了国民党权力结构中主体特定口译场域的形成。

在分析这一口译场域时，本章将探讨三个问题：布迪厄所说的"场域"是如何在整个战争中形成和变化的；译员接受了什么样的培训以及培训对培养职业惯习的意义；译员如何保住自己的职位并与该场域的其他主体和机构互动。对第一个问题的研究概括了译员与国民党跟外国势力之间的联系，特别是他们对译员资本相对价值以及译员争取利益和职位的影响。这一部分不可避免地会以数据为中心，但它为重建国民党译员的口译场域提供了必要的信息，并为之后讨论第二和第三个问题奠定了良好的基础。对这两个问题的分析基于20世纪40年代国民党政府对英语军事译员培训和雇用的实例，以及对大学生这个特殊的军事译员群体的个案研究。

2.1 译员与变化的场域

由于国民党政府在战争期间培训和雇用译员的最终目的是获得国际支持和促进军事合作，因此其外交政策是口译场域的一个决定性因素，直接决定了所需的语言对、译员职位的多少以及国民党需要译员具备的和向译员提供的资本（比如特定领域的知识、人际交往技能和身体状况）。随着这15年（1931—1945）战争的发展，国民党不断调整其外交政策以适应不断变化的国际地缘政治形势。例如，国民党政府1936年在德国与日本签署条约之前一直与德国保持着密切的关系，获得了大量军事建议和军队训练方面的支持。然而，1937年后，德国出于自身的军事和政治利益，转而支持日本，放弃了国民党政府。结果是，国民党转而求助于美国。虽然美国人在战争初期坚持中立，但到了20世纪40年代，日本的扩张开始影响美国在太平洋地区的利益，特别是1941年日本偷袭珍珠港之后，美国成为国民党最坚定的外国支持者。

因此，综观战争的不同时期，国民党政府至少需要培训和雇用三种译员：20 世纪 30 年代初的中德通译、30 年代末的中俄通译和 40 年代初的中英通译。然而，在进一步探讨译员和场域之间的动态关系之前，需要回答一个问题：无论是政治上还是军事上，日本才是国民党在整个战争期间每天都要面对的国家。为什么这里不包括中日通译？

2.1.1 中日通译

虽然关于国民党培训和雇用中日通译的信息很少，但掌握日语的人员无疑对国民党在战争期间的情报、外交和军事活动来说是不可或缺的。因此，中/日应该是该场域中一个常用的语言对。数据的缺乏与日军的具体情况（在第四章中讨论）形成了鲜明的对比。在日军那里，中日口译是一个公认的职业，有各种各样的资料记录，包括政府记录、军事日记和个人回忆录。那为什么在国民党主导的场域中，中日通译的职位没有得到确立或承认？

语言能力是译员的独有资本。回答这个问题前，需要考虑日语能力作为一种语言资本在该口译场域的相对价值。两个因素决定了它的相对价值：对该资本的实际需求和拥有该资本的主体的数量。这两个因素反映了布迪厄在讨论文化资本时的市场隐喻：当一种资本的供给超过市场需求时，它的价值就会减小；但是当供给不能满足需求时，价值就会增加。虽然很难估计国民党对中日通译的确切需求，但与日本军队相比，国民党政府在语言上有优势，因为战争主要发生在中国领土上。因此，与日本军队不同，国民党政府是在自己的领土上作战，不需要依靠翻译来进行军事行动和补给。它对中日通译的需求主要是出于情报目的和与日本人进行政治谈判。

至于语言资本的供给，无论战前和战争期间中国的日语教育如何，有一点很重要，那就是自20世纪初以来，有大量的中国人在日本接受高等教育。因此，中日通译可能的候选人有很多，特别是与其他语言对一比较，语言资本分布的广泛性更加明显。根据国民党教育部关于1929年至1937年间在海外接受教育的中国学生的统计数据（中国第二历史档案馆，1998：394—395），虽然中日之间的冲突不断加剧，但仍有3483名中国学生留日。日本是当时中国留学生数量最大的国家，英国、美国、德国分别只有565名、1835名和590名。然而，比较上述国家政府资助和自费学生的数量后发现，由国民党政府资助的中国学生中，留学日本的数量最少，在这9年内只有75人。

国民党政府资助的留美学生人数最多(308人)，其次是英国(188人)和德国（92人）。虽然这些数字并不专指译员，也不包括在中国接受外语教育的学生，但确实揭示了一些关于该场域中主体外语资本分布的重要信息，即掌握日语的主体人数超过了掌握其他外语的主体人数。国民党政府倾向于资助更多学生到日本以外的国家学习，这一事实也反映出它需要主体具备西方国家提供的知识和技能，包括日语以外的语言。

实际上，1937年以前在日本接受高等教育的中国学生人数，只不过是国民党政府保存的官方统计数字，而实际数字肯定要大得多。例如，根据中日学生社团的数据，从1927年到1937年，每年在日本学习的中国学生平均有3344人；而有日本机构称，从20世纪20年代初到1937年，有11966名中国学生毕业于日本大学（Keishu，1983/1981：118）。

更重要的是，国民党政府可以利用留日学生的语言资本，因为很多学生在完成学业并返回中国后在政府或军队中任职。这些学生中就包括蒋介石——国民党的政治和军事领导人。其曾在日本陆军士官学校受训。日本情报部门1932年的一项调查发现，虽然国民党政府的45名主要成员中有14人没有留过学，但有18人（40%）在日本接受过高等教育，4人（9%）同时在日本和其他国家接受过高等教育，6人（13%）在美国接受过高等教育，3人（7%）在其他国家接受过高等教育（Keishu，1983/1981：122）。此外，在1900年至1937年期间，国民党政府几乎每年都派一批中国学生到日本陆军士官学校接受军事训练，1900年至1911年派出665人，1912年至1927年多达908人（郭荣生，1977，引用于江新，2007：66）。在服务于国民党政府和军队期间，这些留日学生无疑可以胜任任何涉及中日口译的工作，无论是行政、军事还是联络方面。尽管这些语言资源很丰富便利，不排除有其他原因造成中日通译记录的匮乏，但很可能国民党政府并不觉得迫切需要将有限的战时资源投入培训或雇用中日通译上。

2.2 战时国民党的军事译员

2.2.1 中德通译与20世纪30年代的中德合作

虽然在"二战"中，德国属于轴心国阵营，公开支持日本，但在20世纪30年代，特别是1928年至1938年的10年间，德国一直是国民党政府的主要外部支持力量。因此，正如威廉·C.柯比（William C. Kirby，1984：3）所说，这10年不仅是"一个中外频繁交往的时期"，而且是"德国影响中国的10年"。从完成国家统一到发展国内军事工业，再到军队重组，国民党政府的许多政治和军事政策都直接受到了中德合作的影响（William C. Kirby，1984：3）。除了通过易货协议和交换计划提供贷款和设备支持外，1928年后，德国还支持国民党在中国执行配备有专业人员的军事任务，协助国民党政府重组和训练中国军队（Kirby，1984；Twitchett et al.，1993/1986）。

柯比指出，德中之间这种不同寻常的密切关系，部分是因为国民党政府遭受着来自中国共产党和日军的双重军事压力，却没有从其他外国势力那里获得实质性的支持（Kirby，1984：3—4）。1931年年末日本侵略中国后，外国势力对国民党的请求普遍表现出明显的冷漠。除了美国在1932年1月7日发表公开声明，重申不承认日本侵略带来的任何变化外，国民党向国际联盟（League of Nations）提出的关于日本非法占领中国满洲地区的申诉，没有得到其他任何外国势力的同情，也没有得到国际联盟的支持，只有一份以李顿伯爵（Victor Alexander George Robert Bulwer-Lytton, 2nd earl of Lytton）为首的调查团发表的调查报告（Hook，1982：261—262）。国际联盟中的其他国家，包括英国和法国，对任何实质性的行动都保持中立，因为他们的关注点在欧洲，尤其当时正值德国法西斯主义日渐崛起，同时他们也担心与日本的关系会受到影响（Borg，1964：9—10；Twitchett et al.，1993/1986：580—582）。

然而，德国却在中国正处在一个节骨眼儿上的时候，对中国表现出了不同的态度。具体来说，它实行双重政策，一方面与日本结盟以制约苏联；另一方面同意支持国民党政府，以扩大其在亚洲的政治影响，并获得战略原材料和开拓工业和军事发展的新市场（Twitchett et al.，1993/1986：582；Kirby，1984：4）。对国民党政府来说，与德国的合作也是有益的，因为德国的支持"旨在加强南京政权的军事和经济实力，同时又不威胁到南京对内部事务的控制"（Kirby，1984：4—5）。此外，因德国在"一战"战败后不久就通过非革命的方式再次成为世界强国，这让许多国民党人士，包括国民党的政治和军事领导人蒋介石，对德国的现代军事制度产生了极大的兴趣（Kirby，1984：4—5）。

1928年11月，由马克斯·鲍尔（Max Bauer）率领的26人德国军事代表团抵达南京，标志着中德两国密切合作的开始，同时产生了对中德通译的需求，而国民党政府显然已经准备好了。根据历史学家比利·K.沃尔什（Billie K. Walsh）（加州大学欧文分校）对前德国顾问埃里希·斯托尔兹纳（Erich Stoelzner）的采访，由鲍尔率领的德国代表团在1928年11月抵达南京后，立即向国民党政府提出了一项培训计划，即由中国译员陪同进行"至少六个月的课堂和实地训练"（Walsh，1974：504）。

德国军事代表团最初有26名成员，到1934年6月增加到61人（Kirby，1984：124），其中大多数顾问负责直接军事训练；其他人提供支持（Kirby，1984：55）。因此，这些德国顾问为中国军队的现代化做出了巨大贡献。1937年7月卢沟桥事变后，国民党政府正式对日宣战，当时德国顾问整编了一支30万人的国民党军队，其中装备大批德式武器的核心武装部队8万人（Kirby，1984：220；Liu，1956：102，147）。1937年年底，阿道夫·希特勒（Adolf Hitler）决定撤回身处中国的德国顾问，转而寻求日本的支持，以控制英国在亚洲的影响。至此，德国和国民党政府之间的密切合作结束（Twitchett et al.，1993/1986：128，635）。

随着中德合作的发展，可以预见的是，专业的中德通译在这一场域中会越来越重要。这一预测被1935年当时的德国驻华代表汉斯·克兰（Hans Klein）向蒋介石做出的提案证实（中国第二历史档案馆，1994：168）。在该提案中，克兰针对蒋介石加强中国国防经济的计划提出了建议，还特别针对中德口译者/笔译者的遴选和培训表达了看法：

（十）翻译问题

翻译问题实为中国建设署与德国代表参谋团来往交涉之最重要关键。

此项职务，仅能由性质优秀之人才担任之。

此项人才须精通中德两国文字。

彼须对本身工作范围有充分认识。

彼须严守秘密，并须诚信可靠。

此项人才之选择及训练，切须即可开始。[①]

与国民党保存的大多数记录一样，克兰提案的上述中文译文仅笼统地指"翻译"，而非特指口译者。然而，鉴于德国军事委员会的顾问角色，这里提到的"翻译"无疑包括口译。此外，作为首席德国顾问，克兰的建议，特别是他对胜任"翻译"工作的候选人的定义，一定影响了口译场域。他不仅认可了中德通译的价值，而且

---

① 该提案翻译成中文后呈递给蒋介石。这部分节选自中国第二历史档案馆公布的官方中文译本。

明确了担任这些职位的主体的基本素质：中文和德文能力（语言资本）、责任感、保密意识和可靠性（社会和政治资本）。此外，对克兰来说，选定候选人后，培训是一个关键的步骤。虽然对于克兰所说的培训，没有更多具体内容的记载，但他对译员岗前培训的强调表明了这份工作的高要求，以及一般翻译工作和军事口译之间的差异。

其实，在克兰发表提案之前，国民党政府就已经开始讨论中德通译的培训问题。1932年8月，国民党中央军事委员会组织了一次对中德合作相关人员的调查。调查中发现的许多问题都与中德通译有关，特别是译员人数不足的问题，以及译员对军事制度和军事术语的标准用法了解不够（中国第二历史档案馆，1994：110—114）。有人建议，译员人数至少应为德国顾问人数的1.5倍或2倍，并应提供相关培训（中国第二历史档案馆，1994：110—114）。

除了这些常见的问题之外，个别译员在本次调查中发表的一些见解也非常有趣。例如，为德国顾问做了四年多中德通译的魏汉桥就指出了中德和中日笔译者和口译者之间的潜在冲突，以及这种冲突对国民党军事现代化目标的潜在破坏力（中国第二历史档案馆，1994：107—109）。他认为，虽然军队利用最新的军事装备接受最新作战技能的培训，但教育处基于日语材料汇编和翻译的教科书和参考资料已经过时，毫无用处。对他来说，实地训练和与时俱进的教科书同样重要，二者应该在军事训练中相互补充。魏汉桥认为，这些"过时的"译文只会妨碍由德国人监督的训练，并削弱国民党的军事现代化进程。他甚至建议进行内部重组，解雇亲日派，让咨询部门的中德笔译者和口译者直接隶属培训部门，让他们负责翻译和汇编新的教科书和参考资料。这些建议说明魏汉桥基于长期的实地观察，发现了日语能力和日本教育背景的价值逐渐衰减，也透露着他试图通过排挤他人而为像他这样的人创造晋升机会的心思。假如从布迪厄式视角看行动者关于地位和资本的竞争，魏汉桥的行为可以看作中德译者与中日译者之间竞争的一个很好的例子。像魏汉桥这样的译员能够被纳入调查范围，并发表对制度的看法，这表明译员与国民党政府的其他工作人员是被平等看待的，并且译员会主动发展自己的专业技能，巩固自己的地位。

在1932年9月的会议上，国民党中央军事委员会跟进了这项调查，并做出了几项重要决定（中国第二历史档案馆，1994：114—115）。第一，确认了对译员日益增长的需求，并强调了培训和选择合格译员的重要性。[①] 第二，吸纳了以下建议，即除了语言技能之外，掌握军事知识应该是译员的一项基本素质。"译员需要掌握军事知识"这一官方认可非常重要，因为它表明了译员在军队中的地位，并定义了这项军事资本的价值。至于魏汉桥提出的解雇日语译者的建议，国民党中央军事委员会没有给予评论，也没有立即调动中英通译，只是认可了译员与培训部门之间的密切联系。然而，国民党中央军事委员会确实强调了与译员职位相关的政治和军事资本，指出了招募和培训合格译员的困难，并预计未来对译员的需求会增加。从布迪厄场域的视角看，国民党政府最高军事和政治权力机构——中央军事委员会的这种积极态度即是对译员职位的官方认可。

当然，我们在"引言"中就说过，译员的地位及其资本的相

---

① 但这份文件没有提供关于选拔和培训译员的详细信息。

第二章 责任和问责：军事译员与国民党政府

对价值是由口译场域的主要权力关系决定的，这里即国民党政府与德国的关系。除了国民党引进德国军事顾问以外，20世纪30年代德国和中国之间的密切合作还体现在各省政府也会雇用德国文职顾问，从事诸如地质研究、无线电电报和空中地形测量等工作（Kirby，1984：70）。所以，这些德国文职顾问也可能与中德通译合作。事实上，在20世纪30年代中期，德国的影响几乎遍及中国社会的方方面面，从军事和经济到教育，无所不及。但中德合作主要还是着眼于加强国民党的军事力量（Kirby，1984：70—73）。其他外国势力也没有忽视这一军事重点。例如，美国驻北京的军事情报部门发回华盛顿的一份报告就指出，虽然鲍尔领导的德国代表团不仅参与军事活动，还参与工业和经济事务，但他们"主要是为了加强蒋介石的'军事力量'"（Kirby，1984：56）。①

1937年8月，卢沟桥事变后一个月，②国民党财政部部长宋子文在和日本特使西园寺公一（Saionji Kinkazu）的一次谈话中就透露，由德国训练并提供装备的军队是国民党政府的骄傲（Boyle，1972：67）。从下面的陈述中可以看出，宋子文反复强调在国民党为现代化做了大量投入之后，中央军的实力有多强，特别是由德国训练并提供装备的中国军队。

日军仍然对中国军队抱有先入为主的想法，以为打我们一次，

---

① 原始文件保存在美国国家档案馆：马格鲁德（北京）至华盛顿，1929年6月3日，2657-I-357，美国国家档案馆，军事情报处，华盛顿特区。
② 虽然中日冲突始于1931年，但直到1937年7月的卢沟桥事变，战争才全面爆发。

我们就会投降，任之摆布。满洲事变后，中国军队努力改进了，接受了德国人的训练，投入了大量金钱进行现代化。它知道自己更强了，相信这次决不会被打败。所以日军低估了中国军队，但中国军队也高估了自己。这就是危险所在。（Boyle，1972：67）

在宋子文看来，这支由德国人训练的部队在国民党政府抗日战争中发挥了重要作用，是国民党通过10年的投入和与德国人合作积累的军事资本。作为战场上的主导力量，国民党不得不巩固其地位，并通过重新武装和训练军队来增加资本，特别是在同时面临来自日本和共产党的威胁时。国民党投资的一部分便是用于译员雇用。译员获得的工资和福利包括政府提供的经济资本，而他们的翻译工作是国民党资本交换过程的一部分，因为译员对军事资本的生产是不可或缺的。另一方面，作为中德合作的重要基础，译员也通过服务和支持这一关系网而获得了政治资本。因此，为了获得经济、政治和社会资本，译员需要努力保持职位或者寻求晋升，这也解释了魏汉桥在他的报告中表现出的对职位和资本的渴求。

显然，作为国民党的财政部部长，宋子文也将德国训练的军队视为一项外交资本，提醒日本特使国民党的军事实力有所增强，特别是这支新的由德国训练的国民党中央军。由于德国军事委员会在中国的存在，德国与中国的关系受到日军的特别关注。自1937年12月，日本便开始向柏林施加压力，要求召回德国军事委员会并停止向中国提供德国武器（Walsh，1974：510）。战争期间，在与德国训练的中国军队发生几次对抗后，特别是在1938年上海和南京战役中，日本为其胜利付出沉重代价后，日本人对德国顾问协助国民党政府的抗议愈加强烈（Walsh，1974：510）。这些抗议不仅证明了20世纪30年代中德合作的成功，这其中也有中德通译人员10年来的贡献。

当希特勒在1938年年初成为德国军队的领导人时，日本的抗议开始产生真正的影响。对希特勒来说，日本比中国更适合做德国的亚洲盟友。德国不仅早在1936年年底就与日本签署了反共产国际条约以遏制苏联（Young，1963：18），而且日本在对华战争中的压倒性胜利也证实了希特勒的观点（Kirby，1984：234—235）。因此，新任纳粹外交部部长约阿希姆·冯·里宾特洛甫（Joachim von Ribbentrop）提出了另一种外交政策，即"将中国的战利品与获胜的日本瓜分"（Kirby，1984：241）。1938年4月，德国政府停止了从德国向中国运输武器。至同年7月，几乎所有德国军事委员会的顾问都被召回（Walsh，1974：509—511；Kirby，1984：237—239）。

德国军事委员会的召回标志着始于1928年的中德紧密合作的结束。这对口译场域，尤其是中德通译人员的地位产生了直接影响。对这些人来说，德国人是他们的直接服务对象，国民党是他们的雇主。一旦德国人走了，对中德口译的需求就没那么多了。与此同时，这个动态场域又出现了新的权力关系，包括中苏合作，于是又创造了新的口译职位和资本。因为没有相关的政府记录，所以不清楚这些译员后来发生了什么以及从事了什么职位。这一事件引出了译员职业发展的问题，我们将在第四章中详细讨论。

2.2.2 中俄通译

关于国民党政府雇用的中俄通译的现存信息很少，部分原因是战时中苏互动时间较短（1937—1941），还有部分原因是20世纪30年代国民党和苏联的关系复杂，所以译员往往处于比较隐晦的地位。在意识形态上，苏联人支持中国共产党，而自20世纪20年代初以来，国共两党一直处于敌对状态。然而，苏联人很清楚，与共产党相比，国民党拥有更多的政治和军事资本，因为它拥有合法的国家权力、军事力量和抗日主导作用（Hook，1982：656—657；Young，1963：18—22）。对苏联人来说，让日本远离苏联比在中国推行共产主义更为紧迫（Young，1963：129）。此外，一方面，支持中国共产党可能会将国民党推到反布尔什维克的日本那一边；另一方面，当时中国共产党还不够强大，不能有效地领导中国人民抵抗日本。同时，支持国民党只会增加中国抵抗日本的力量，何况国民党还获得了美国和英国等国际强国的支持，而共产党当时是无法做到这点的（齐彪，1996：99—106）。

因此，苏联试图对中国采取双重方针：通过共产国际支持中国共产党的革命活动，但通过苏联政府促进与中国官方政府的关系（Twitchett et al.，1993/1986：109）。1937年到1939年间，除了三笔总额为2.5亿美元的贷款外，苏联政府还向国民党提供了500名军事顾问、1000架飞机和2000名所谓的志愿飞行员来帮助中国抗日（Young，1963：57；125—130）。这些来自苏联的物资、人员和政治支持对中俄通译人员来说至关重要，不仅为口译场域引进了新的资本，还创造了就业岗位。

由于苏联人投入的资本价值受制于该场域的主导力量（国民党政府），所以影响译员的另一个决定性因素是国民党对苏联支持的态度。对国民党来说，苏联当然是获得军事和政治支持的一个宝

第二章 责任和问责：军事译员与国民党政府

贵外国来源，特别是在太平洋战争爆发前，国民党不仅失去了德国的支持，其他大国也没有提供实质性帮助的情况下。而另一方面，20世纪20年代初以来苏联对中国共产党的支持，导致国民党对中苏合作背后的动机高度怀疑。例如，国民党认为苏联志愿飞行员是伪装的苏联红军飞行员，是"有条件干预"政策的一部分，而俄罗斯顾问被派往中国的目的是"研究中国和日本军队的能力，并在中国战场上测试德国人的理念、训练系统和装备"（Young, 1963: 125—126）。

抱着这样的怀疑，国民党对其译员进行了战术部署，监视和控制苏联人在中国的活动。例如，1938年7月19日，国民党政府首脑蒋介石发了一封电报，① 要求所有与苏联顾问合作的译员加入国民党，并每周向政府汇报工作。这种强制的党籍和报告要求仅针对苏联顾问的译员，表明国民党确实对苏联在中国的军事活动有所担心，严重怀疑其目的性。看来国民党是想利用译员作为间谍。苏联顾问的一举一动都会反映在每周的报告中。译员的党籍会确保他们的政治忠诚和对特殊间谍任务的保密度。因此，译员不是单纯地为两个阵营提供语言服务，而是充当一方的情报人员。这样一来，除了外国的语言和文化知识外，对国民党的忠诚、保密意识和信息收集能力也是译员的必要资本。有趣的是，苏联人似乎很快就察觉到了这种别有用心的安排。就在一个月后，蒋介

---

① 蒋中正电示贺国光康泽俄顾问各译员应有坚实组织每周应详报工作，1938年7月19日，台北历史档案馆（下面简称NHAT），002-010300-014-049-001x。

石收到了一封官员发来的电报，① 称苏联代表要求换掉中国译员，但电报中并没有给出具体理由，我也没有找到关于这些中俄通译间谍的更多记录。国民党似乎只是默默换掉了译员，而没有提出任何问题或采取后续行动，让整个事件笼罩在神秘之中，也没有任何历史学家提及。然而，译员们肯定受到了国民党对苏外交政策的影响。虽然这种影响的程度不得而知，但他们至少会被国民党免职，以掩盖最初的情报计划。

然而，当短暂的中苏合作结束时，这种情况很快就改变了。1941年4月13日，苏联与日本签订中立条约，宣布互相承认伪"满洲国"和伪蒙古人民共和国（Hsu and Chang，1972：37）。译员间谍在该场域的利害关系也发生了变化，因为所有苏联飞行员和顾问都离开了中国，不再需要间谍活动或监视。其实，早在国民党和苏联正式决裂之前，二者日益恶化的关系就已经对译员产生了直接的影响。例如，蒋介石在日俄中立条约签订的前一个月发出过一份电报，披露了当时存在的中俄通译福利问题，包括中俄通译相对于其他语言对译员地位更低，且薪水更少。② 蒋介石在电报中强调，中俄通译应与其他译员享受同等待遇，而且要对经济困难的译员给予补贴。虽然没有找到关于译员受到不公平待遇的更多信息，但这封电报的内容和日期已表明，中俄通译受到了国民党与苏联关系的严重影响，最高当局不得不进行干预。

---

① 朱绍良等电蒋中正苏俄驻甘宁代表请求改善机场警戒与要求撤换翻译等文电日报表，1938年8月13日，NHAT 002-080200-501-135-001x。

② 蒋中正电朱绍良谷正伦等俄文翻译员与他国语文翻译员同等待遇，1941年3月16日，NHAT 002-070200-009-080。

虽然在历史上出现的时间很短，但从这些中俄通译间谍的身上可以看出冲突中军事译员地位和实践的复杂性。他们的工作性质和内容受制于战场上的权力关系，而且他们本身也是政治和军事机构的一部分。正如下一节所述，译员的政治忠诚和身体条件是进入口译场域的必要资本。

2.2.3 中英军事译员

在战时国民党政府雇用的所有译员中，中英通译是一个特殊的群体，主要体现在国民党对译员培训、雇用和管理的投入上。虽然直到1941年年底才开始出现对中英口译的需求，[①]但在随后的5年中（即1945年8月日本投降之前），有4000多名中英通译接受了军事训练和部署，其中大部分直接从大学招募（梅祖彦，2004：52）。对中英通译的迫切需求主要源于国民党与美国于1941年开始的新联盟。在这种情况下，译员便成了国民党跨越语言障碍加入国际抗日力量的必要资本，特别是在与美国驻中国部队的军事联盟方面。国民党在20世纪40年代发展起来的这些新的政治和军事权力关系也引起了口译场域的巨大变化，这些变化对中英通译产生了重大影响。

20世纪30年代，美国公众和美国政府对战争都保持孤立主义观点（Hook，1993：657）。而且，1935年美国国会通过的《中立

---

① 《军委会所属外事局关于开办外语训练班的报告》，1941年12月28日，中国第二历史档案馆（南京）（以下简称NHA）763-456。

法案》禁止美国向交战国提供任何贷款,①并禁止向交战国运送武器或弹药（Hsu and Chang,1972：35—37）。然而,"二战"的爆发彻底改变了局面。日本向太平洋地区的扩张直接影响了美国的利益,从而促使美国政府逐渐放弃中立,支持中国。美国人也开始意识到援助中国的重要性。只要中国军队牵制住日军的主要力量,日军就无暇顾及美国。1941年3月,《中立法案》被《租借法案》取代,该法案允许美国政府向中国等交战国提供财政和物资支持。8月26日,美国发表声明表示会向中国派遣由准将约翰·马格鲁德（John Magruder）率领的军事代表团。该声明给代表团确立了以下目标：

与中国官方和其他当局合作,研究中国的军事形势以及中国政府对物资的需求；就所需物品的种类和数量给出建议；协助在国内采购并在中国交付物资；对所提供物品的使用和维护给予指导；并提供适当的意见和建议,使对中国的租借援助尽可能有效,以利于美国和中国,并促进全世界抵抗武力占领的运动。②

这一声明不仅描述了美国将为中国抗日提供的物质和非物质支

---

① 《中立法案》是"在孤立主义鼎盛时期通过的一系列法案,人们担心从军火工业中获利的愿望可能会导致美国直接或间接参与战争……1939年,该法案被修订,取消武器禁运,任何交战国都可以基于'现购自运'的原则同美国进行军火贸易,但仍禁止美国船只运载'交战国货物'"（Palmowski,1997：440）。
② "向中国派遣军事代表团的声明",1941年8月26日,白宫新闻稿,http://www.ibiblio.org/pha/timeline/410826awp.html（2008年5月2日访问）。

第二章 责任和问责：军事译员与国民党政府

持，而且强调了该美国军事代表团与国民党政府的密切合作。通过诸如"合作""建议""协助""指导"和"提供意见和建议"等措辞，它向全世界发出了一个信息，即美国和"中国政府"形成军事和政治联盟。这一举动自然也使国民党政府在国际政治中获得了正式地位。与美国结盟无疑会提高国民党在国际和国内的声望，并给日本人施加更大的压力。因此，这一公开声明本身就是美国政府给予国民党的政治资本。事实上，美国在战争期间向国民党政府提供了空前的财政和军事援助。在1941年至1945年的五年间，美国通过租借的方式借给国民党政府约13.36亿美元（Young，1963：351）。① 如果说20世纪30年代是"德国影响中国的十年"（Kirby，1984：3），那么40年代绝对是美国影响中国的十年。

然而，美国对国民党的援助并不是无条件的。1941年的美国《租借法案》明确规定了布迪厄（Bourdieu，1977/1972：187）提出的行动者和机构之间的"资本交换"或"转换"的类型，即跟任何市场一样，行动者必须通过投入自己的资本来获取其他资本。根据该法案，接受美国援助的国家必须提供对等的援助或利益（Hsu and Chang，1972：256）。于是，1942年6月2日，国民党政府和美国政府签署了一项互助协议，国民党政府同意"提供其有能力提供的物品、服务、设施或信息"（Hsu and Chang，1972：256）。② 有人可能会问，国民党提供给美国政府的作为对等资本的"服务"中是

---

① Young指出，根据美国国务院的信函，从1941年到1946年，由于重新分配和更正，美国对中国的援助总额从15.46亿美元调整到16.02亿美元左右。而13.36亿美元是统计到1945年年底的数字，并且没有考虑到这些调整。
② 《行政协定系列第251或56号法规1494》。

否包含口译服务呢?

根据约翰·W. 蒙卡斯尔（John W. Mountcastle, 2008: 10—15）的说法，第一个美国基地在中国战场建立（1942年3月，云南昆明）后，驻中国的美国军官和军职人员的数量每年都在大幅增加，直至战争结束。1942年年底，美国军事代表团中的美军人数为1255人（John W. Mountcastle, 2008: 10—15）。[①] 到1943年10月，这一数字已增加到4800人。[②] 在新成立的兰姆伽（印度）、昆明（中国云南）和桂林（中国广西）中美军事训练中心，也招募了大量美国军官训练国民党军队。例如，广西省桂林步兵训练中心共有2200名美国军事人员；[③]1945年8月战争结束之前，在华的美国军事人员总数已达60360人（Hook, 1993: 672）。大量美国军事人员的部署，特别是他们与国民党政府的密切合作，使中英口译成为中美互动不可或缺的一部分。有人可能还会想，美国人在这次中美军事联盟中是否有自己的译员呢？鉴于美国人在远东军事行动中配备了日英通译，所以确实有这种可能性。然而此次他们显然是想在中国通过国民党政府获得这种语言资源，而不是自己培训和带过来。为什么该决定有别于"二战"时期关于培训日英通译（见"引言"）的决定呢？原因可能是当时中国是盟军之一，而日本是敌军，所以不管从信任度还是忠诚度考虑，中国译员的种族身份在军事合作中应该都不是

[①] 《中国防守》，约翰·W. 蒙卡斯尔（John W. Mountcastle），美国陆军军事历史中心。在线手册10, http://www.history.army.mil/brochures/72-38/72-38.htm（2008年5月2日访问）。

[②] 《行政协定系列第251或56号法规1494》，20。

[③] 《行政协定系列第251或56号法规1494》，10, 15。

第二章　责任和问责：军事译员与国民党政府

问题。

国民政府军事委员会外事局 1943 年 9 月 7 日向中央秘书处提交的一份报告可以证实，口译服务是中美合作期间美国向国民党政府要求的契约"服务"之一。在这份报告中，国民政府军事委员会外事局说明了在协助新兵训练的美国人到来后对中英通译的迫切需求，并且确认美国人今年要求的译员人数超过 3500 人。[①] 而且，根据该报告，除了训练中国军队以用于未来的联合军事行动之外，美军还希望通过与国民党政府的互动，扩大其在远东战区的行动范围。毫无疑问，要与中国当局沟通和合作，美国人必须依靠译员，而这些译员将由国民党政府培训和提供。

除了军事训练中心，其他地方也有中英通译人员的身影，他们肩负着不同职责。从联络和军事后勤（供给和运输）到实战演练，译员的角色随着工作环境和实际军事需求而变化。给译员的多重角色做个综述很重要，因为这些角色除了是国民党译员培训的目标，还对译员在该场域的资本和地位产生了决定性的影响。

中英军事译员的多重角色

根据国民政府军事委员会外事局在 1944 年 10 月 17 日的统计数据，[②] 在 1919 名接受培训的中英通译中，驻印度的有 1335 人（69.6%），驻桂林的有 117 人（6%），驻重庆的有 467 人（24.4%）。之所以有大量译员被派往印度，与当时美军的军事战略有关。这 1335 名驻

---

① 《中央秘书处案准贵处本年九月六日特字第七六五号密函》，1943 年 9 月 7 日，NHA 736-349-45。
② 《战区美军总部来函译文外语训练班第二期毕业来局服务学员名册录取名单实有译官统计表》，1944 年 10 月 17 日，NHA763-18。

印译员中，有 133 名在兰姆伽基地。该基地主要作为国民党在印度战场的军事训练中心（Romanus and Sunderland，2002/1953：214—221）；其余大多数服务于为滇缅战役中抗击日本的一号作战计划而部署的军队，该行动自 1944 年 4 月以来由中国战区的美军总部主导。这些译员都需要跟随部队去前线工作。分配到中国战区的人员中，117 人在东南干部训练团（桂林）工作，其余的（467 人）被分配到重庆的不同军事后勤单位，包括野战勤务机构（98 人）、空军委员会（187 人）、军需部（40 人）和运输部（49 人）。换句话说，在 1944 年 10 月 17 日之前招募的中英通译中，有 63% 的可能性要上战场，24.3% 的可能性在后勤单位工作，而在训练中心工作的可能性只有 13%。

然而不到三个月，情况就发生了变化。根据美军驻中国总部于 1945 年 1 月公布的统计数据，[①] 国民党军事译员的人数有所减少——1945 年 1 月 19 日为 1651 人，而两个月前为 1919 人。人数减少的原因可能有多种，包括译员辞职、晋升，甚至阵亡。[②] 鉴于许多译员隶属于 1944 年年底参加滇缅战役的 Y 部队和中国远征军，因此死亡的可能性很大。这一点可以在《译联会手册》中的"殉国译官简史"一节中得到证实，其中记录了 19 名译员。在这 19 名译员中，有 7 人直接死于战争，2 人死于战场事故，1 人自杀，其余 9 人因疾病去世。

---

① 《战区美军总部来函译文外语训练班第二期毕业来局服务学员名册录取名单实有译官统计表》，1944 年 10 月 17 日，NHA763-18。
② 《译联会手册》中有一节"殉国译官简史"，其中记载了在服役期间牺牲的部分军事译员的简单情况。SMA Y7-1-0000072，1946。

第二章 责任和问责：军事译员与国民党政府

美军驻中国总部提供的信息也透露了当时国民政府军事委员会外事局译员的部署情况。① 排名前三的工作去向是由美国领导的中国军队（昆明）（697）、缅甸北部战区利多的美军总部（296）和第十四航空队（AVG）（200）。1651 名口译员中，有 1192 人被分配到了这些地方工作，这意味着 72% 的译员要在前线工作，要么与空军军官、飞行员和机场技术人员一起工作，要么与美国军官和中国士兵并肩作战。剩下的 28% 中，有 19% 受雇于军事训练中心，其中 121 人在昆明，194 人在印度。其余 9% 在军需部工作（昆明 13 人；利多 113 人），或是在重庆（9 人）。② 然而，美军驻中国总部的同一份文件显示，预计到 1945 年 6 月底，译员需求人数将从 1651 人增加到 3014 人，增幅为 45%。这种需求的大幅增长来自昆明地区，特别是昆明训练中心、国民党军队总部和昆明军需部，每月需求稳定增加 150 人。虽然在 1 月份，该军需部的译员人数几乎只是利多地区的 1/10，但到了同年 6 月，人数已达到 763 人左右。③

译员资源在不同军事单位之间的流动主要是由于日本发动豫湘桂战役（Ichigo Campaign）后美国军事部署的调整。另外还强调了译员需要在各种环境下工作，从联络处和后勤部门到战场和训练中心，这无疑对所有军事译员都非常具有挑战性。显然，这场战争会

---

① 《战区美军总部来函译文外语训练班第二期毕业来局服务学员名册录取名单实有译官统计表》，1944 年 10 月 17 日，NHA763-18。
② 《战区美军总部来函译文外语训练班第二期毕业来局服务学员名册录取名单实有译官统计表》，1944 年 10 月 17 日，NHA763-18。
③ 《战区美军总部来函译文外语训练班第二期毕业来局服务学员名册录取名单实有译官统计表》，1944 年 10 月 17 日，NHA763-18。

考验他们的语言技能、军事术语知识、人际交往技能、品格、身体状况，甚至在战场和野外的求生技能。此外，在不同环境下工作的译员会面临不同风险和利益。例如，在战场上随军工作的译员会直接面临人身危险，但这份勇气和付出也让他们获得更高的补贴和更多的晋升机会。在训练中心工作的译员可能无须太担心安全问题，但福利或晋升机会也相对较少。从军队对译员的频繁调动也能看出，军事口译中存在不可避免的人身危险。因此，思考与译员职位相关的资本和利害关系很重要：国民党政府希望译员具备什么样的素质和技能？译员面对的利害关系是什么？

译员在场域中的立场

布迪厄认为，主体在场域中的地位是由其拥有的资本决定的，而资本的相对价值受制于该场域中的主导力量。对于中英译员来说，国民党政府就是主导力量，因其拥有决定合格译员资本类型和价值的权力。国民党设计的整个译员生产过程在功能上与其权力的延续和资本的增加相关，而非相互独立，因此它对译员的招募、培训和控制是其作为该场域主导政治力量的职能中固有的一部分。通过设定选拔标准，国民党定义并实行"合格译员"的标准，也即资本的相对价值。因此，培训就是要向合格的申请人传达经国民党政府法定化的标准必要资本，包括军事用语、军事纪律和对国民党的忠诚。而译员在国民党政府的主导下，也有自己的实际考虑和短期利害关系，因此他们的行为方式必然是要维护曾经成就他们的行动。因此，译员的地位取决于该场域中主体和机构之间的互动。具体来说，中英通译的目标是一份好工作以及较高的工资和福利，而国民党政府希望通过招募和培训合格的工作人员来加强政治和军事力量。

第二章 责任和问责：军事译员与国民党政府

在这种互动中，代表国民党权力的主要机构是国民政府军事委员会外事局，它成立于1941年，是当时中国最高政治和军事权力机构——国民党中央军委的下属部门。国民政府军事委员会外事局的主要职责包括与外国势力进行军事联络，处理与战时外国顾问有关的事务，以及培训和监督军事译员。根据组织法规（1944年修订），国民政府军事委员会外事局是译员的直接监督机构，特别是在"译员招募和培训"方面（中国第二历史档案馆，1998：142），并负责译员的任命。1943年，国民政府军事委员会外事局设立一个局长职位、一个副局长职位、一个秘书处和两个部门。第一部门由五个办公室组成，负责美国或英国军事人员的联络和接待；第二部门由三个办公室组成，主要负责苏联顾问的雇用和接待。战争期间，在赣州、兰州、桂林、昆明和印度设立了国民政府军事委员会外事局分部和接待处（中国第二历史档案馆，1998：142—143）。

那么，这些译员是谁呢？换句话说，什么样的主体有资格接受国民党政府的译员培训呢？湖南省档案馆有一份由国民政府军事委员会外事局发布的公开招募高级译员的官方文件。[①] 文件详细说明了对申请人的要求，以及合格申请人可以享受的福利，包括工资、补贴、医疗保健和出差补贴。虽然由于通货膨胀等因素，这些信息的相对价值会随着时间的推移而变化，但从中我们仍然可以看到译员所需的培训前资本及其在该场域的利害关系。

在这份招募文件中，国民政府军事委员会外事局规定了三个主

---

① 《军事委员会外事局考选高级译员简章（渝三十四年度）》，湖南省档案馆（以下简称 HPA），60-1-227-11。

要方面的要求：身体条件（性别、年龄和健康状况）、口译知识和技能（大学学位和英语水平）、政治忠诚度和可靠性（"富有爱国热忱"和"思想纯正"）。之所以对身体条件提出要求，是因为译员很可能会在军队中工作，而考虑到战时军事人员所处的极端环境，军队通常对年龄、健康状况和性别施加某些限制。这也解释了为什么文件中明确指出不考虑生活习惯不健康（如饮酒和吸烟）的译员，毕竟健康的身体是译员高效工作的基础，尤其是在战争时期。

译员的军事口译能力是国民政府军事委员会外事局看重的第二类资本。当然，首要条件是英语能力过关，所以申请人必须参加笔试（中英互译）和口试（英语对话）。换句话说，合格的译员应该能用两种语言完成书面和口头任务。笔试旨在测试申请人的语言技能，尤其是对军事术语的掌握。下面的英译中测试节选可以证明这一点：

将以下段落翻译成中文：[①]

1. Nothing more spacious than your own backyard is needed for your take-off and landing when you own a helicopter, while any airplane will need a field of substantial size for safe operation.

2. The war has hastened the development of aviation by many years and the airplane will be one of the greatest factors in developing political and economic internationalism in a post-war world.

---

① 军委会、航委教育部关于征调英语翻译人员的训令、公函等材料，HPA 61-1-38。

3. At present the speed, ceiling, ruggedness, and especially the effectiveness of the long-range high velocity .50 caliber guns of the Fortresses and Liberators give the Americans an edge over the best fighter defence the Luftwaffe can muster.

参考译文：

1.如果你有直升机，你家后院那么大的地方就可用来起飞和降落，但是任何飞机都需要非常大的场地，起降等操作才会安全。

2.战争加速了航空业的发展，使其与先进水平的差距缩小了许多年，而飞机在战后世界，会是促进政治和经济国际化发展最伟大的因素之一。

3.当前"堡垒"轰炸机和"解放者"的轰炸机速度、最高飞行高度，特别是远程高速.50口径机枪的战斗力，给了美国人优势，即便纳粹空军召集最先进的战斗机防卫，也将防不胜防。

口试衡量的是申请人用英语进行对话的能力，而不是口译技能。这样做的部分原因可能是当时在中国，口译还没有成为一种职业，大多数申请人没有口译经验。此外，当时的军事译员可能需要比我们现在的专业译员更主动、更坚定。对话测试还可以评估申请人的快速反应能力、个性和人际交往能力等。这些对于战时的军事译员来说非常重要，因为他们很可能需要独立工作并处理意外情况。

第三类资本是申请人对国民党的政治忠诚度。这一点要通过单独的党内知识考试来衡量。具体来说，译员应表现出能够在工作中忠于国民党的素质或潜力。这也体现在对申请人的中译英翻译测试中(见本章后面的摘录)。① 显然,国民党精心挑选了用于测试的原文,在考查译员英语能力的同时,还能考查他们对军事纪律和权威的理解,向其灌输责任感和忠诚度。出现在测试原文结尾的三个信念,实际上是国民党对译员的三个要求:对国民党的忠诚、对上级的绝对服从和自律。看,培训在这里就已经开始了!

请将下段中文译成英文:

军纪者,军队之命脉也。军队必须有严肃之军纪,然后精神上之团结力得以稳固战斗力之持久性得以确保。盖战时各部队之任务不同,其境遇亦各有差别,而上自将帅,下至士兵,尤能联络一贯,万众一心,从一定之方针,取一致之行动者厥唯军纪是赖……而军纪之要素,则在全军一致之三信心。故上下将士,无论在任何时机,当以信仰上官,信任部下,而自信其为效忠党国,服从命令,与爱护人民,恪守纪律之军人也。

回译:

Please translate the following paragraph from Chinese into English.

Discipline is the lifeline of the army. A strict adherence to its discipline and a spiritual solidarity are the key to the army's strength in the field. In wartime, different troops will have different tasks and encounter different situations. The only way to keep the army integrated, from its generals to its soldiers, all following a specific direction and

---

① 军委、航委教育部关于征调英语翻译人员的训令、公函等材料,HPA 61-1-38。

taking consistent actions, is to rely on army discipline....And the core of this discipline is the three strong beliefs held by the entire army. Hence, all staff, from officers to soldiers, at any time, should believe in their superiors and subjects, as well as in their own loyalty to the Party, obedience to orders, care for the public, and strict self-discipline as an army man.

然而，对国民党政府来说，译员通过党内知识测试和翻译测试还远远不够。招募文件明确规定，正式报到之前，所有合格的申请人必须由一位有声望的担保人来证明其可靠性和品格。根据国民党的要求，担保人必须是与政府有直接关系的人员或国民政府军事委员会外事局认可的商业机构。所有译员必须持有由担保人填写并签署的保证书。①

要求译员由政府工作人员或特许机构担保，就是要求译员提供社会资本，也就是可以利用的社会关系和人脉。换句话说，只接受相同或相近阶级的主体。理论上，这一制度可以加强国民党对资本价值的控制，维持其统治下的社会结构。实际上，这是国民党对译员施加的双重约束，因为译员的行为也会影响其担保人，而担保人绝不想因给一个"不靠谱"的译员作担保而危及自己的地位。

关于福利，招募文件也有详细说明，包括译员等级、工资、境

---

① 中训团译员训练一三四期分配翻译官文，1944年6月6日，NHA763-338-18。

外工作补贴和免费医疗等。例如,译员分为五个等级,分别对应不同的工资水平。一级是最高级别,国内工作的一级译员月薪为法币3万元,国外工作的一级译员月薪为法币9000元加250印度卢比的补贴;五级是最低级别,月薪为法币2.2万元,或者法币5000元加140印度卢比。由于地区差异和20世纪40年代的高通货膨胀,很难推断出译员报酬的确切货币或物质价值。一些译员回忆说,战争快结束时,8000元法币只够买四包骆驼牌香烟(卢国维,2005),而1印度卢比仅相当于一碗面条的价值(苏先功,2005:204)。但我们讨论的关键是译员在申请职位时是如何看待这些利害关系的。换句话说,这些利害关系是否有足够的吸引力和竞争力,让其他场域的主体不顾潜在的危险转而从事军事口译?在中国第二历史档案馆的国民政府军事委员会外事局卷宗夹中发现了一封由两位申请人(蒋守礼和杨文浩)联名书写的译员职位申请信。[①]从中我们可以找到一些有用的信息。

这两名男性申请人是南宁海关的一级检查人员,年龄分别为29岁和31岁。这封信之所以从国民政府军事委员会外事局卷宗夹的诸多文件中脱颖而出,是因为除了国民政府军事委员会外事局与美国驻中国部队的通信之外,用英语书写并且直接写给重庆国民政府军事委员会外事局的信寥寥无几。为什么这两名中国海关检查人员要用英语给国民政府军事委员会外事局写信呢?很可能是他们想用英语技能打动国民政府军事委员会外事局的官员。既然英语能力是应

---

① 《征调各机关学校公教人员、学生充任译员录取名单》,NHA 763-27。原信是用英语写的。

第二章　责任和问责：军事译员与国民党政府

聘译员职位的先决条件，那么用英语写信不就是证明申请人英语水平的一种方式吗？他们在信中表示响应政府的号召，离开当前的工作岗位，去做美军的随军译员。显然，蒋守礼和杨文浩这两位申请人对国民政府军事委员会外事局的招募需求和自身语言资本的价值都有着敏锐的认知。他们还主动向国民政府军事委员会外事局交代了自己的背景，并提出了关于工作地点的想法（可以在美国驻南宁地区的军事总部工作）。

对于场域的认知始终受地位和社会经验所限，因此并不是每一位译员都像蒋守礼和杨文浩一样，对该场域的利害关系有如此清晰的见解。此外，虽然国民党政府期望招募到的每一位译员都拥有所要求的全部资本，但这是不现实的，特别是考虑到译员需求的紧迫性，而且具有足够英语水平的主体本来就数量有限。这可能也是所有译员在上岗前必须接受几周强化培训的原因之一。

培训与译员的职业惯习

译员培训是我们讨论的关键，因为从公众中招募的译员里，很少有人真正具有口译经验。虽然培训的时间长短不一（四周到六周），但对大多数新聘人员来说，这是他们作为译员的第一次社会实践。因此，在培训中获得的对口译职业的理解是职业惯习的基础，这种职业惯习在之后的口译实践中会不断得到完善。西梅奥尼（Simeoni, 1998：14—15）强调，翻译惯习的概念指的是"一种复杂的、适应性的惯习，这种惯习能很好地适应（特定）领域的实际需求"。对国民党来说，培训不仅是传授军事口译知识和技能的过程，也是向译员灌输国民党意识形态和原则（即军事译员的"道德规范"）的过程。这种教化在培训结束后的口译实践中依然存在，因为国民党仍然掌握着译员招募和评估的大权。

根据1941年11月编制的为期四周的译员培训大纲,[①] 我们可以看到关于培训目标、要求、时长、方法、主题（内容、时间）和相关教育形式（研讨会和讲话）的一些信息。该培训大纲明确将译员的工作定义为"军事口译和联络"，使之与在办公室从事笔译工作的文职人员区分开来。然而，对国民党来说，军事译员也是从各方面服务于军队的专业人员，而不仅仅是口译员。这种多重期望在培训大纲所附课程表中也有体现。语言课程〔例如英语对话（36学时）、英语写作（16学时）、军事术语口译（16学时）〕占培训课时的47%。11%的课时用于背景知识了解，包括外国的军事行动（4学时）、太平洋军事地形（4学时）和敌情研究（8学时）。其余课时用于"思想培训"（例如政治培训）和军事任务（包括联络和情报工作）。思想培训内容包括孙中山的三民主义（4学时）、政治领导人的讲话和行为（4学时）和国内政治（4学时）以及特邀嘉宾讲座（8学时），共占总课时的14%。还有17%的课时用来学习武官职责（4学时）、外交礼仪（4学时）、国际政治（4学时）、国际情报（4学时）和情报学（8学时）。

培训大纲也明确强调了译员需对国民党保持政治忠诚，把译员对三民主义和"伟大革命领袖"的信仰明确列为首要培训目标。三民主义（民族、民权和民生）最先由国民党和民国政府的创始人孙中山提出，被认为是国民党意识形态和政治立场的基础（Chang,

---

① 军委会为所属外事局关于开办外语训练班的报告、指令，外语训练班组织大纲，NHA 763-456。

第二章 责任和问责：军事译员与国民党政府

1991）。因此，大纲中强调对三民主义的信仰实际上是要求译员对国民党和国民党政府当时的领导人蒋介石保持政治忠诚。课程表显示，有将近12个学时的时间用于强化政治教育，包括学习三民主义、领导人讲话和相关的政治宣传材料。对忠诚的要求甚至上升到了个人崇拜的程度，在政治领袖的讲话与行为、国内政治等课上，蒋介石的言行被当作教科书来学习。从某种意义上说，这种政治忠诚成为译员职业道德的关键原则。

该培训大纲是在训练班初期（1941年年末）制定的，随着战争的发展，可能会有细节上的变化。但国民党在大纲中提出的方向是明确的，并且长期适用。此外，对口译和笔译历史的研究未必能发现培训大纲，所以该大纲和课程表是分析译员职业惯习形成的宝贵资源。对口译员来说，这个培训框架的意义不仅仅是课程中实际学到的东西，因为课程还传达了关于军事口译这一职业的重要信息，包括哪些素质和能力需要重视，哪些需要摈弃，以及哪些行为对军事译员是得当的，哪些是不得当的。换句话说，培训过程实际上培养和加强了译员对该场域的某些方面的认知，也就是职业惯习。例如，培训教材《翻译官英语四十课》①中的"致师生序言"部分就对译员的专业表现做了如下规定：

11. 从一种语言到另一种语言的口译应该快速、准确、清晰并保持良好的会话风格。

---

① 1945年国家军事委员会外事联络组汇编的一份未公开的资料，由退休译员严嘉瑞在2009年1月8日接受笔者采访时提供。

12. 教与学的过程中要重视公民意识、爱国主义、国际合作、中美友好关系维护方面的教育，并培养翻译官在自律、礼貌、勤勉、毅力、品格和服务意识等方面的素质。

在某种程度上，这两项要求体现了国民党期望的优秀口译能力（"快速、准确、清晰并保持良好的会话风格"）和合格译员特质（"公民意识""爱国主义""自律""礼貌"等），或者用布迪厄的话说，就是游戏规则。因此，这些定义是由国民党确定和维护的价值体系的延伸，对译员有决定性的影响。通过举例、纠错和考试，培训就成为一个赋予和强化译员对于国民党所打造的价值体系加以认同的过程。

但是，在形成职业惯习方面，培训仅仅是一个开始，因为培训持续时间短，而且译员在培训期间与其他主体和机构的互动有限。此外，由于每个人在该场域的社会经验不同，所以职业惯习总是独特而多样的。因此，虽然都受过一般培训，但译员对该场域的认知会随着个人的职业实践而变化，这也是国民党的译员管理非常依赖的一个因素。例如，在1943年7月27日出版的《军事委员会外事局译员管理规则》中，列出了六种可获得荣誉和表彰的人员：①

（1）服务成绩特别优良者；
（2）办理困难或危急事件甚切机宜者；

---

① 《军事委员会外事局译员管理规则》，1943年7月27日，NHA 763-452-36。

第二章 责任和问责：军事译员与国民党政府

（3）破获国际阴谋扰乱机关证据确凿者；

（4）冒险达到命令中之任务者；

（5）带病或负伤仍勉力服务者；

（6）工作时能留心考察当地情形，拟具报告供改善参考之资料者。

这六种荣誉行为与国民政府军事委员会外事局的译员培训直接相关。除了口译技能之外，译员解决疑难问题和处理紧急情况的能力（警觉性、智慧）、信息收集和反间谍能力（情报活动）、奉献精神和牺牲意愿（民族主义和革命热情）都是加分项。显然，对于军事译员来说，努力做到上述六点是赢得国民政府军事委员会外事局为其专业表现提供的荣誉或奖励（例如晋升、奖金）的唯一途径。

除了这个荣誉制度，国民党还让其服务对象（即美军）通过一套评估体系来监督所有在职的国民政府军事委员会外事局译员。为此，国民政府军事委员会外事局设计了一个翻译官绩效评分表，供美军填写。[①] 主要从五个方面进行评估：口译技能、工作态度、职业发展、礼仪和品格。国民党以这种方式再次应用了"优秀"口译和"合格"译员的标准：译员的表现越接近标准，评分就越高。这种评估体系也促使所有译员对照标准行事。换句话说，为了保住职位和获得更多利益，他们必须遵循国民党制定的标准。这种评估所产生的任何正面反馈，比如表扬、升职或补贴，都会鼓励他们进一

---

① 《翻译官绩效评分表》，NHA 763-420-12。

步向国民党政府设立的标准靠拢。

美军在该评估体系中的重要性并不奇怪，因为他们目睹了译员的日常表现。这种反馈对译员的职业生涯至关重要。事实上，国民政府军事委员会外事局对译员的提拔或惩罚常常直接取决于美国人的报告。① 例如，郑庆栋②（国民政府军事委员会外事局241号译员）因愿意"以任何身份提供服务"而被推荐晋升，王汉屏（国民政府军事委员会外事局272号译员）因"出色的口译能力"和"礼仪周到"而被推荐晋升。③ 但同时，服务对象也报告了某些译员的行为是有问题的和不可接受的。例如，译员林子昌（国民政府军事委员会外事局218号译员）因以生病为借口试图"逃避外勤任务"而被问责。两次体检后，服务对象正式要求将林子昌换掉，改用一个"不介意外勤条件艰苦"的译员，并建议对林子昌进行必要的处罚。④

通过不断跟进，国民政府军事委员会外事局保存了关于几乎所有译员绩效报告的简要记录。译员郑庆栋和王汉屏都获得了国民政府军事委员会外事局的表彰，并被正式记录在他们的个人档案中，而林子昌则受到了正式警告。这种雇员—服务对象评估体系便成为译员职业发展的基本框架。来自国民党的表彰和警告即相当于名誉或社会信用，也就是社会和政治资本的直接增加或减少。此外，这些表彰和警告都写在译员的工作记录中，会持续影响译员的职业生涯，包括当前的职

---

① 译员奖惩，NHA 763-34。
② 一些译员的名字在原文件中是以威妥玛拼音记录的。为了准确起见，本文没有将其转换为拼音。
③ 1944年5月15日。
④ 1944年5月26日。

位和晋升机会。因此,不论是正面还是负面的反馈都是与个人利益息息相关的,并且直接影响译员对军事口译职业和对自身的理解。实践中传递的信息比培训中要清楚得多:按规则做事,否则就会出局。

一些译员会努力向雇主和服务对象设定的标准靠近,以获得良好的反馈,证明译员认识到了该场域的客观关系,并将规则和期望作为其职业惯习的一部分。译员之所以按照期望和要求进行专业实践,一方面是因为他们知道这是正确的做法;另一方面则是为了追求更多个人利益。同时,某些译员获得的荣誉或警告对其他同行也有激励或警示作用。一旦译员认可这种服务对象—雇主反馈结构,他们就会在与服务对象的互动中采取相似的做法。因此,从培训到实践,年轻的译员们逐渐吸收了这些所谓的职业规范,这些规范构成了他们认知该场域的基础,并产生了他们之后的专业实践。这个过程就是一个形成和发展译员职业惯习的过程。

然而,职业惯习的形成并不意味着专业译员就是培训出来的翻译机器。跟所有的社会人一样,这些译员有家庭、朋友和其他与口译工作无关的社会关系。因此,他们的职业惯习只是其一般惯习的一部分,受制于以前的社会和教育经历。这些经历决定了译员对该场域的认知,包括最初选择口译职业的决定以及他们对专业实践的自我认知。下一节会重点讨论这些国民党译员中的一个特殊群体,以及他们对军事口译工作的不同反应。

2.3 大学生军事译员的个案研究

布迪厄(Bourdieu, 1998a/1994: 76—77)认为行动者决策是"幻象"的结果,是游戏的实践感知,而非基于理性。他认为,行动者"幻象"是由惯习,即具体化的客观条件产生的,并且是通过场域实践获得的(Bourdieu,1998a/1994:77)。那么,如果国民党的培训是译员职业惯习的起点,那么他们之前的社会经验和口译实践是如何与"幻象"这一概念联系起来的呢?

为了研究这个问题,本节重点关注了国民党译员中的一个特殊群体——在校大学生和毕业生。根据保存在湖南省档案馆的两本译员同学录,这一群体在中英通译中占了很高的比例。这两本同学录记录了1945年2月[①]和6月[②]分两批在重庆接受培训的共419名国民政府军事委员会外事局译员的基本信息,包括年龄、出生地和教育背景。8月那一批里的译员严嘉瑞大方地答应了我的采访请求。

在研究这两本同学录时,我有一个特别的发现:这419名译员特别年轻。其中273人(65%)年龄在20—25岁,100人在26—29岁(24%)。其余人里,3人(1%)年龄在20岁以下,30人(7%)在30—35岁,11人(3%)在36—40岁,2人(0.4%)在40岁以上。换句话说,虽然国民党最初设定的年龄范围很宽(20—40岁),[③]但这些译员中有373人(89%)年龄在20—29岁,超过2/3的人更是才20岁出头。

译员的这种年轻化趋势可以从两个方面来解释。首先,考虑到战争形势和军事口译的需要,年轻可能是译员的一项重要资本,因为年龄与许多因素直接相关,包括健康、耐力、快速反应和快速学

[①] 关于中训团译员训练班同学录及行政班,重庆分团湖南同学的照片,HPA 59-1-15。
[②] 《中央训练团译员训练班第四期官佐同学通讯录》,HPA 0-5-137。
[③] 《军事委员会外事局考选高级译员简章(渝三十四年度)》,HPA 60-1-227-11。

习的能力。因此，国民党在选拔译员时有年龄偏好（可能的话）不足为奇。其次，鉴于当时的地位和惯习，年轻人可能对特定的利害关系更感兴趣。例如，对于没有工作经验或社会地位的学生来说，考虑到政府提供的福利和物质报酬，军事译员职位可能是战时一个不错的选择。然而，对于那些已经有稳定工作或有更多社会经验的人来说，国民党政府提供的待遇可能并没有足够的吸引力，特别是考虑到军事口译要面临的危险和压力。我对严嘉瑞的采访（2009）也证实了这一假设。严嘉瑞来自昆明一个单亲家庭。1945年，高中毕业的他20岁，迫切需要一份工作帮助辛辛苦苦供他读书的母亲分担一些经济压力。由于本身对英语感兴趣，而且这个职位是一份拿政府工资的稳定工作，所以对他来说，成为一名军事译员无疑是一个好出路。另一个关于出生地或地域来源的有趣发现是，如表2.1所示，译员共来自23个省，但大多数来自战前一直被国民党政府控制的地区。前三大省广东（17.9%）、江苏（16.5%）和浙江（16.2%）实际上是国民党在中国的政治和经济中心。而很少有译员来自华北和西北的省份，如吉林、辽宁、黑龙江和山西，这些省份在战前或战时都曾被日军或中国共产党占领或控制。

表2.1 译员来源地[①]

省份	数量	比例
广东	75	17.9%
江苏	69	16.5%

[①] 表2.1中的信息也取自两本译员同学录，HPA0-5-137。

续表

浙江	68	16.2%
湖南	41	9.8%
湖北	29	6.9%
河北	24	5.7%
安徽	23	5.5%
四川	20	4.7%
山东	14	3.3%
福建	14	3.3%
河南	14	3.3%
江西	7	1.7%
辽宁	4	1.0%
山西	3	0.7%
广西	3	0.7%
青岛	2	0.5%
贵州	2	0.5%
云南	2	0.5%
陕西	1	0.2%
绥远	1	0.2%
甘肃	1	0.2%
吉林	1	0.2%
黑龙江	1	0.2%
总计	419	100%

译员来源的这种不平衡可能与许多因素有关，包括战时交通和通信不便以及高等教育资源的地区差异。这种不平衡也揭示了译员因地理位置和社会背景而受到的潜在地缘政治制约。出生地决定

了早期社会经验,所以在国民党控制区域出生和长大的译员会体现当下的政治和社会结构。如此体现出来的惯习会反过来影响他们的"幻象"。严嘉瑞在采访中表示,他申请做译员的一个原因是,在目睹日军轰炸昆明所带来的破坏后决定"报效祖国"(严嘉瑞,2009)。当被问及"祖国"的意义时,他承认当时认为效力国民党政府就等于效力国家,并没有考虑其他选择。严嘉瑞的童年和青年时代都是在昆明度过的,而昆明在战前和战时都处于国民党的政治和军事统治之下,所以他的国家认同感多半是其所受教育和社会经历累积的结果。

然而,严嘉瑞的情况不足以代表其他418名军事译员,因为他当时比较年轻,而且刚刚高中毕业。在这419名译员中,受过高等教育和没有受过高等教育的比例是14∶1,也就是说,389人在接受口译培训之前上过大学,而27人(包括3名教育数据缺失的译员)最高只接受过中等教育。

有趣的是,教育背景也呈现相似的趋势。虽然总体来看,译员来自中国84所公立和私立大学/学院,但其实大多数译员都毕业于相同的几所学校。具体而言,如表2.2所示,有17所大学/学院,其中最少也产出了5名译员,总共产出了291名译员,几乎占389名受过高等教育的译员的3/4。而且,除了几所外资大学,如沪江大学、燕京大学、圣约翰大学和金陵大学,表2.2中列出的几乎所有大学都是由国民党政府资助和直接监管的国立大学。这其中就包括当时排名前5的大学:国立复旦大学(76人)、中央大学(42人)、中央政治大学(37人)、国立交通大学(23人)和国立浙江大学(23人)。

表 2.2　大学输出的译员人数

	大学	译员人数
1	国立复旦大学	76
2	中央大学	42
3	中央政治大学	37
4	国立交通大学	23
5	国立浙江大学	22
6	金陵大学	13
7	国立中山大学	10
8	重庆大学	10
9	沪江大学	8
10	燕京大学	8
11	圣约翰大学（上海）	8
12	国立武汉大学	7
13	国立东北大学	6
14	国立广西大学	6
15	大同大学（上海）	5
16	国立同济大学	5
17	国立清华大学	5
	总计	291

从这些数据可以看出，这些军事译员中大多数是大学生，这并不是巧合。他们的年龄、来源地和就读的大学都呈现出了与社会地位和教育经历相关的特殊模式。这些模式是否也与译员的"幻象"及其在该场域中的立场有关？他们是否说明了国民党重视什么类型的资本？大学在译员与国民党政府的互动中扮演了什么角色？要回

第二章 责任和问责：军事译员与国民党政府

答这些问题，需要先了解一下 20 世纪 40 年代中国的高等教育情况。

战争爆发之前，中国的高等教育无论是公立还是私立领域，都发展良好。到 1931 年，已经有了 31 所国立大学、37 所私立大学、20 所国立技术学院和 10 所私立技术学院，其中大多数位于北京、天津、上海和南京等大城市（Hsu and Chang，1972：119）。20 世纪 30 年代，国民党政府还建立了学术审查机构，其主要职责是审查学历、公布大学课程、举行联合入学考试以及向各大学和学院提供资金和贷款（Hsu and Chang，1972：121）。这些审查机构及其活动实现了政府对高等院校及其学生的进一步控制。甚至可以说，国民党政府希望通过一系列审查和资助措施，特别是针对公立大学和学院，将高等教育机构及其学生转变为一笔国家资产，其中的主体易于管理、具备知识和技能，甚至受政府指挥。

然而，整个教育系统被战争打乱了。随着日军不断扩张，大肆屠杀平民，许多学生和大学/学院被迫与国民党政府一起撤退到内地。1938 年后，大多数机构将学生转移到了西南和西北一些未被占领的地区，特别是四川、贵州和云南这些仍在国民党控制内的省份。因此，不论是在地理上还是政治上，国民党政府都通过其教育部保留了对这些大学/学院及其学生的直接行政控制。

此外，徐龙轩和张明楷（Hsu and Chang，1972：12）的研究表明，尽管 1937 年学生和大学数量大幅减少（比 1936 年减少 17 所学校和 108043 名学生），但 1938 年后，学生和大学数量缓慢恢复到之前的水平。到 1942 年，在校大学生和毕业生人数分别达到 64097 人和 9056 人。1945 年，学生总数达 83498 人，几乎是 1936 年（41922 人）的两倍（Hsu and Chang，1972：12）。因此，即使不考虑身体条件或语言技能，在1941年至1945年间，每年至少有5万名大学生和1万名应届大学毕业生在国民党控制的学术机构接受多年的正式培训。所以，虽然国民党政府在军事译员招募中规定的年龄范围很广，但很显然，在校大学生和毕业生更有可能成为潜在的候选人。

然而，如果像国民政府军事委员会外事局的招募文件中显示的那样，没有对口译专业或学科领域的要求，那么这种正式教育对译员和国民党意味着什么？在政府认可的院校就读或毕业的学生很有可能被赋予了某些国民党政府认可和重视的象征性资本。例如，战前国民党编辑的《教育目标与实施政策》（1929）的开篇就强调，国民党的政治方针三民主义是教育目标的基础（Hsu and Chang, 1972: 110）。目标声明之后是实施政策，其中前两节说明了如何实现目标。

a. 各级学校的三民主义教育应与整个课程和课外活动相联系。应使用历史和地理教材来阐明民族主义的本质，通过集体生活训练解释民权主义，并通过生产劳动实践为民生主义奠定基础。**总之，应该在三民主义的基础上做到知行合一，忠信务实。**

b. 普通教育应遵循孙中山先生的教导，**向青少年灌输忠、孝、仁、爱、信、义、和、平的民族美德**，培养人民掌握必要的技能，提高人民的生产力。（Hsu and Chang, 1972: 110，加粗强调为作者所加）

显然，国民党的政治方针三民主义也是其教育政策的核心理念。在各级课程和课外活动中都应该灌输这些原则，或者简单地说，巩固国民党的统治。于是，"民族独立"和"民族主义"中"民族"

第二章 责任和问责：军事译员与国民党政府

的概念就被局限到国民党政府。同样，该文件强调，像历史和地理这样的学科应该灌输这种"民族主义的精髓"，而知识和"忠、孝、仁、爱、信、义、和、平"等"民族美德"的目标应该是国民党政府领导下的"忠信务实"。在这样的政策框架内，完成中小学教育后，大学生和毕业生就成为这一教条灌输过程的最终产物。事实上，他们在国民党学术机构的学生身份正是国民党寻求的资本。

除了上述因素之外，国民党在招募大学生和毕业生时也有实际考虑，包括方便指挥和控制。这其中，大学和学院发挥了不可或缺的作用。也就是说，通过教育部，国民党政府可以左右其控制地区内的所有大学和学院。这些机构不仅有关于学生年龄、性别和技能的详细信息，而且能够协助国民党政府进行学生申请和语言测试的最初组织工作。此外，作为学位授予机构，大学和学院可以更直接地对学生施加影响。1943年，国民党通过教育部向许多大学和学院发布正式声明，向各院校征召译员，并明确了大学在招募工作中的职责。这份声明证实了大学与国民党政府在译员招募上的紧密联系。大学的职责包括提供一定数量的学生、组织考试、由校医协助建立学生身体状况档案，以及为通过考试的学生接收和发放旅费补助。

其实许多高校在译员招募方面都表现得非常主动。比如昆明西南联大甚至在这次招募中发布了一份正式的学生责任规定，软硬兼施，鼓励并劝说学生成为军事译员。根据这项规定，所有体检合格的大四男生都必须担任军事译员。离获得学位还差不到30个学分的学生，在军队完成口译服务后，可以立即获得学位。而不响应号召的学生将因故意逃避兵役而被视为违反征兵法。他们会被剥夺学生身份，并被移交给相关军事当局。该规定还涵盖了大一、大二和大三学生的申请，以及转学生或试读生的申请。可见，国民党对学术机构的控制被传递、加强，并转化成了对大学生的影响。

虽然国民党和大学方面一直在施压，但许多大学生其实是自愿响应号召去做军事译员的，认为这是一个为国为民做贡献的机会。仅从一次一手采访中获得的数据确实很难推测或概括半个世纪前这一口译群体的"幻象"，不过严嘉瑞的回忆确实为这一认知提供了一些线索。首先，跟很多译员一样（卢国维，2005；梅祖彦，2004：10；蔡孝颙，2005），严嘉瑞称民族情怀是他决定成为军事译员最重要的动机之一。事实上，自20世纪初以来，中国大学生一直非常热衷于国家政治和改革，可以算是中国社会最具民族情怀的团体，但主要是因为中国近代长达百年的屈辱史，而不是因为受到操纵（Israel，1966：8、184）。虽然在30年代初，中国学生，特别是大学生强烈抗议国民党政府的对日不抵抗政策（Twitchett et al.，1993/1986：138），但战争期间，学生与国民党之间的关系并不疏远，因为学生中普遍存在的民族主义是"反帝"或"抗日"（Israel，1966：184—185）。

假设这个民族主义目标是所有译员候选人的"幻象"的一部分固然不合理，但许多人把民族情怀作为主要动机这个事实足以说明，他们将成为军事译员的潜在荣誉视为民族自豪感"游戏"中的筹码。此外，无论这种"幻象"是基于真正的民族情怀，抑或只是为了获得象征性资本（或两者都有），译员对这份荣誉的信念都会在实践中得到检验和完善。用布迪厄的话来说就是，他们将了解参与并投入这个游戏是否值得。这大概解释了为什么梅祖彦（1943年和1944

年在美军昆明总部工作的译员)会因为报效祖国的理想与实际军事口译工作之间的差距而备受困扰。梅祖彦在他的回忆录(2004)中表示,他加入国民党译员团队是出于抗日的理想或信念。在这种情况下,他的理想更像是对自己在该场域的社会地位的自我认知;也就是说,他应该做什么,以及他能够利用他的知识和技能做什么。在他的回忆录中,他写道:

做翻译员工作的头几个月,心情十分复杂。一方面觉得自己参加了抗日队伍,达到了"为国效劳"的目的,但看到了国民党政府和军队的腐败现象,又觉得自己是"助纣为虐",再则有些美国人员认为我们是落后民族,对中国人十分傲慢。自己常想怎样才能使中国赶快富强起来,一不怕日本侵略,二不求助于美国呢?当然在那时的条件下,一个单纯的青年学生是找不到什么答案的,只是增加了思想上的苦恼。(梅祖彦,2004:11)

查尔斯·F. 罗曼努斯和莱利·桑德兰(Romanus and Sunderland, 2002/1953)也提供了关于学生译员的一些信息,很有意思。他们的数据来自美国军方报告的概要和对相关美方人员的采访,应该能够准确反映服务对象对译员工作的看法。例如,某炮兵训练中心的一些美方人员将 23 名中国学生译员描述为"该中心的一大麻烦"。除了不够了解军事术语和概念以及在翻译中对原文"过度修饰"(Romanus and Sunderland, 2002/1953:219—220),这些学生似乎还很难适应军事译员这一职位。罗曼努斯和桑德兰没有具体说明这些问题的本质,但他们强调这些问题与译员的自我认知相关,即译员将自己视为"上层知识分子阶级",受困于"恶性通货膨胀时期拿着固定工资"的现实(Romanus and Sunderland, 2002/1953: 294)。

这种"上层知识分子阶级"的自我认知与译员接受过大学教育有关,其实完全可以理解。虽然在20世纪40年代,中国至少有5万名在校大学生和1万名大学毕业生(Hsu and Chang, 1972: 12),但考虑到总人口数和稀缺的高等教育资源,大学学位在当时的中国社会依然是一种稀缺且宝贵的资本。此外,在那个时代,大多数中国大学生来自上层或中产阶级家庭,父母大多是官员、商人、教师或其他专业人士(Israel, 1996: 6)。鉴于他们的教育和家庭背景,很容易理解为什么有些人认为自己是上等人,而且对命运感到不满。

然而,用"不满"描述当时学生译员的情况可能不是很恰当。1943年后,国民党开始注意到越来越多的学生译员试图拖延或放弃执行任务。例如,仅在1944年5月,美军就向国民政府军事委员会外事局报告了四例此类情况,其中两名译员擅离职守,还有两名以语言不熟练和患病为借口(已证明是谎报)逃避外勤任务。[1]1943年年底,鉴于译员擅离职守或逃避责任的问题太过严重,国民政府军事委员会外事局不得不在大学强制推行一项政策,即没有国民政府军事委员会外事局颁发的证书,任何学生译员都不得恢复其学生身份或获得学位,即便他们声称已经完成军事口译服务。[2]

---

[1] NHA 763-34。
[2] 教育部训令高字第49361号1943年10月9日,无证明书回校复学之译员不准入学,HPA 61-1-38-7。

第二章 责任和问责:军事译员与国民党政府

然而,根据一封1943年9月7日由中央军事委员会秘书处寄至国民政府军事委员会外事局的信可知,译员在工作中的问题不止这些。① 在这封信中,国民党政府对某些译员的行为表示了高度关注,特别是批评政府和向美国人索取利益。为了制止这种"不正当"的行为并提升译员工作热情,国民党政府决定给译员增加福利,包括提高译员的起始军衔(例如,提高到相当于步兵少校的军衔),从而相应地提升工资水平和境外工作补贴。

另一方面,国民党也在想方设法加强对其近2000名译员的控制,尤其是学生译员。如信中所述,确实有很多译员工作非常努力,也为军队做出了很大贡献;但同时,译员的不当行为也屡见不鲜,比如煽动混乱、要挟他人、逃避责任或擅离岗位。而且,这些问题译员通常是直接从大学招募的学生。各地国民政府军事委员会外事局分局的负责人被要求采取预防措施,国民政府军事委员会中央外事局副局长汪世铭还亲自前往会见这些"惹是生非的译员"。于是,关于译员培训的讨论再次开启:

> 今办理是次业务对译员之受训无方致劳专注,实不能辞此重咎,现正设法纠正,今后拟于征调派遣服务之学生,先施以严格政工训练,冀 X② 正其思想,启发其爱国心,而能忠诚服务以期人尽其才,共抗建大业……③

---

① 这封信是在同一个卷宗夹中找到的,HPA 61-1-38-7。
② 档案原文如此。——译者注
③ 教育部训令高字第49361号1943年10月9日,无证明书回校复学之译员不准入学,HPA 61-1-38-7。

关于国民党调整译员工资后能否有效地鼓励他们留任并专心工作，并未找到官方记载。然而，许多译员在无法辞职的情况下，会离开自己的岗位或在其他方面谋求利益，这一事实已经表明，许多具有大学学位的译员认为，国民政府军事委员会外事局最初提供的待遇不值得他们跟军队一起冒生命危险。换句话说，当认为游戏中与其位置相关的利益不再值得坚持和投入时，他们会离开当前的位置，转而做出其他选择。

2.4 结论

本章介绍了国民党政府在战争期间雇用的四种译员——中日通译、中德通译、中俄通译和中英通译，并具体分析了这些译员的教育背景。之后我们分别讨论了这四类译员，重点介绍了译员在不同政治和军事背景下的职责，包括军事训练、联络、军事供给、作战实践和情报活动。经过分析我们发现，战时国民党政府的外交政策极大地影响了译员的立场和行为。政策影响的不只是译员职位的多少，还影响其资本的相对价值，包括语言资本（语言能力）、文化资本（文化能力）、社会资本（教育背景、社会关系网）和政治资本（政治忠诚）。其中一些资本，包括知识、能力和关系网，是通过译员的教育和社会经验积累起来的；还有一些，如政治信仰和价值观，是通过国民党政府安排的译员培训灌输的。

尤其是后一种资本，表明译员培训不仅可以让译员获得更多的资本和更高的地位，还为国民党培养了一支忠诚能干的队伍，从而在国民党与其他国际政治和军事力量的竞争或合作中发挥作用。译员与国民党当局在培训中的这种辩证互动也是译员职业惯习形成的一部分。经过以国民党为主导的考试、评估和雇用,"优秀口译"和"荣誉译员"的标准得以确立、加强并体现为译员职业惯习的一部分。职业惯习是译员"幻象"产生的基础(无论最终是否实现),而且直接影响口译实践。所以,接下来的几章会进一步探讨译员惯习的形成,以及战时其他政治力量影响下译员的相关实践。

第三章

政治信仰或现实获利?
为中国共产党做口译

第三章 政治信仰或现实获利?为中国共产党做口译

为中国共产党做口译与为国民党政府做口译有些不同。首先,中国共产党对口译员的需求较少,组织的培训也较少。实际上,直到20世纪40年代末,"口译员"才成为一种独特的职业。这主要是因为抗日战争期间,中国共产党的政治地位尚未真正确立,对资源的掌控能力有限(Kataoka, 1974: 95—96; Twitchett et al., 1993: 632—634)。而且,在国民党1938年接受统一战线政策之前,中国共产党一直被视为叛乱势力,遭受国民党镇压。战争初期,其主力被困于江西的根据地,与国民党做殊死搏斗。尽管取得了几次反"围剿"的胜利,但1934年第五次反"围剿"失败,中国共产党被迫撤离根据地,开始历史上著名的万里长征,寻找新的立足之地(Guillermaz, 1968: 239—240; North, 1963: 163—164)。1936年,中国共产党结束了漫长的跋涉,终于在陕西省北部的根据地安顿下来。此时,它既无力对日军进行任何实质性抵抗,也无法向任何外国势力寻求支持(Van Slyke, 1968: 32—33)。这一几乎孤立的口译领域为研究口译员工作时的定位提供了一个有意思的情境,因为他们在口译工作中,不得不顾及并维护自己的政治生命。

这一时期,由于国民党的军事和经济封锁,中国共产党很难同共产国际和苏联以外的外国势力和组织建立联系。但正如第二章所论述的,苏联在意识形态上支持中国共产党,却仍与国民党政府保持着正式的外交关系。苏联的军需和军事顾问"全部"给了国民党，没给中国共产党（Van Slyke，1968：226—227）。从20世纪20年代末到1943年，中国共产党设法通过电报和书信往来，与莫斯科的共产国际保持着联系。但这种联系并不稳定，很难维持，因为红军频繁作战，经常转移（North，1963：164）。因此，30年代，中国共产党内的口译工作极其有限，只在与为数不多的共产国际驻华代表进行交流时需要口译。

日本侵华，抗日民族统一战线于1937年年底形成，国共暂停内战，为中国共产党巩固根据地、发展对外交往提供了契机。相较于20世纪30年代初，中国共产党影响的地区扩大，形成了一些抗日根据地。截至1937年年底，已控制陕西东北部、河北西部、河北中部和察哈尔南部的部分地区。然而，除了陕甘宁抗日根据地[①]（中国共产党总部延安所在地）之外，它在其他地区的控制力并不强。这些地区地理上不相邻，所以辖内的军事力量缺乏相互协调（Twitchett et al.，1993：640）。此外，中国共产党控制的大部分地区是农村，资源稀少，交通不便。就连中国共产党的政治中心陕甘宁抗日根据地，也在日军战线之后。如此恶劣的通信与交通条件，阻碍了中国共产党与国际力量在战时进行联络与合作，其口译活动也因此受限。这种与世隔绝的状态在某种程度上也使中国共产党得以自由发展其军事和政治力量，因为日军的主要目标是铁路沿线城市和地区。

---

① 此处原文有误，不是Shan-Gan-Ning，而是Shaan-Gan-Ning。——译者注

第三章 政治信仰或现实获利？为中国共产党做口译

随着战局的发展，形势开始发生变化。国民党抗日损失惨重，而中国共产党在西北根据地的军事实力日渐增强，在抗日斗争中发挥着越来越重要的作用，它开始呼吁国内外力量支持其增强政治与军事实力。下面这个例子就能清楚地体现这一点。20世纪40年代初，中国共产党培训了一批中俄军事口译员，以期与苏联开展军事合作，共同抗击日军。与此同时，中国共产党政治地位的提高也开始引起西方的关注。40年代，西方记者对延安的访问日益增多，中英文口译在中国共产党的宣传工作中发挥了重要作用。1944年，美军观察组迪克西使团抵达延安，进一步促进了中英文口译的发展。中英口译对于中国共产党向美国寻求支持和援助至关重要。中日口译方面，无法根据现有资料准确估计当时的情况。已知的事实是中国共产党在延安为日本战俘开办了日本工农学校，① 会日语的中共干部训练被俘的日本士兵，对他们开展心理教育（Barrett，1970：34—35；何立波，2008）。

下文将重点介绍中国共产党培训或使用的中俄口译员和中英口译员，聚焦讨论他们的专业实践与他们在中国共产党语境中的地位之间的关系。其中隐含的观点是口译员为客户提供语言服务时，既参与了客户间的互动，还与客户发展了新的社会关系和工作关系。这种熟稔关系和协助沟通的经验扩大了口译员的社交圈，为他们提供了获得更好职位和更多资本的机会。

---

① 直接引用自中国共产党新闻网文章，何立波的《抗日战争期间鲜为人知的延安日本战俘学校》，原文为"毛泽东对此非常重视，并亲自将这所学校定名为'日本工农学校'"，网址为 http://cpc.people.com.cn/GB/64162/64172/85037/85039/6957030.html?kgr。——译者注

3.1 中俄口译员

3.1.1 共产国际代表和从俄罗斯归来的留学生

20世纪30年代，国民党分别从德国和苏联获得军事援助和人员支持。中国共产党与之截然不同。由于国民党政府的军事封锁，中国共产党被围困在苏区内，除了与共产国际有联系外，与外界几乎没有接触。根据当时共产国际驻华代表李德（1982）在回忆录中所述，那时中国的大部分领土仍在国民党政府的控制之下，所以他从上海到瑞金（中央苏区的中心，位于江西省）的旅程异常艰难。外国人在内陆旅行不仅需要通行证，还禁止进入"赤区"（由中国共产党控制的地区）（Braun，1982：29—30）。中国共产党与莫斯科共产国际之间的电报通信极不稳定，即使1937年年底统一战线成立，中国共产党获得合法地位，通信也并未改善（Harrison，1972：295）。

因此，当时中国共产党只是在与少量共产国际驻华代表进行交流时，需要中俄口译员。这些代表在上海的共产国际执行委员会远东局或中国共产党总部工作。虽然查阅到的资料里并未记载当时共产国际代表的确切人数，但可以肯定的是，国民党政府的政治压迫和军事封锁，迫使大多数共产国际代表于1931年前后离开中国，远东局也于1935年永久关闭（杨奎松，2005）。1933年到1939年，李德是唯一的共产国际驻华代表，曾担任红军的军事顾问（Braun，1982）。国共内战的前10年里，中国共产党内的中俄口译员职位很少，因为他们的客户（中国共产党和苏联人）分隔异地，直接交流受到限制。然而，尽管对口译员的需求左右着口译场域的命运，但也要具体问题具体分析。例如，有多少行

第三章 政治信仰或现实获利？为中国共产党做口译

动者具有成为中俄口译员的必要资本？他们认为与口译员职位相关的利益是什么？要阐明相关因素，就要研究一群与中国共产党有关的特殊行动者——从苏联返回中国的留学生——历史学家称之为"苏俄留学生"（Price，1976：75，128；Harrison，1972：151，171—172；North，1963：140）。

这一术语具体是指这样一群中国共产党党员，他们在20世纪20年代被中国共产党选送到苏联接受培训，并在30年代至40年代回国投身共产主义运动。这一培训一方面得益于苏联共产党和共产国际执行委员会远东书记处的支持；另一方面归因于中国共产党所处的恶劣的国内环境，因为自1927年以来，国民党政府不断打压中国共产党（Price，1976：89）。20年代，苏联的许多著名院校接收了中共选派的中国共产党党员。这些院校包括莫斯科东方劳动者共产主义大学（莫斯科东方大学，Communist University of the Toilers of the East in Moscow）、莫斯科中山大学（Moscow Sun Yatsen University）、工农红军（伏龙芝）军事学院〔Red Army (Frunze) Academy〕和列宁格勒军政学院（Leningrad Military-Political Academy）（Price，1976：89）。30年代，中国共产党主要是在与莫斯科共产国际进行联系时需要口译员。这些留学生在苏联接受了俄语培训和共产主义教育，似乎是口译员的理想人选。

首先，有些留学生在苏联接受培训期间已经有了一些口译经验，主要是为中国新生口译讲座和研讨会的内容。初到苏联，这些中国新生大多不懂俄语，学校只得让高年级的中国学生来为新生做口译，直到他们掌握基本的俄语技能。例如，莫斯科东方大学至少有

4名中国学生（瞿秋白、①李增武、②吴和洲③和王洪东④）担任学生口译员，为其他中国学生口译讲座和研讨会的内容（Price，1976：33）。而莫斯科中山大学的学生口译员可能更多，因为中国共产党和国民党资助的中国学生在20世纪20年代中期大量涌入该校。据估计，1925年至1930年间，莫斯科中山大学共有1400名中国毕业生（单刚、王英辉，2006）。如果像校友们回忆的那样，莫斯科中山大学为每个中国学生班都配备了一名口译员（单刚、王英辉，2006），那么这些中俄口译员的数量是相当可观的。实际上，有些在莫斯科中山大学学习的中国共产党党员曾在苏联担任口译员，包括王明（原名陈绍禹）、杨尚昆、杨松、杨放之、刘少文、张闻天和伍修权（Price，1976；伍修权，1991）。伍修权等人毕业后，也被莫斯科中山大学正式聘为口译员（伍修权，1991：64）。一位口译员在回忆录中提到，莫斯科中山大学不仅有许多中国学生在俄语授课中担任口译员，为了顺利教学，还专门设立了一个中俄文口译员培训班（熊廷华，2009：24）。换言之，一些"苏俄留学生"语言技能充足，开始以口译为职业。这种职业经验无疑是一笔宝贵的财富，也将影响他们回国后的口译工作。

这些苏联留学生的另一个重要特点是他们与中国共产党的政治联系。无论是老牌的中共干部还是年轻的积极分子，他们都被认为是忠于中国共产党的，因为几乎所有人在赴苏联学习之前都经过了

---

① 无法查阅原始材料，根据人物生平翻译。——译者注
② 无法查阅原始材料，音译。——译者注
③ 无法查阅原始材料，音译。——译者注
④ 无法查阅原始材料，音译。——译者注

第三章 政治信仰或现实获利？为中国共产党做口译

中国共产党的审查。至少两家机构直接参与了中国共产党对赴苏留学生的招募：上海外国语学社（Shanghai Foreign Language School，1920年8月至1921年7月）和上海大学（1922年10月至1927年4月）（Price，1976：30—40）。上海外国语学社由中国共产党早期成员创办，只教授俄语和马克思主义理论，旨在"招募和预备中国青年积极分子赴苏留学"（Price，1976：31）。① 尽管它向公众发布广告，声称自己是一所开放的外语学校，有英语、俄语、法语、德语和日语课程。该校登记在册的学生来自五湖四海，大多是青年积极分子。他们被"可靠"的介绍人推荐来上海，为赴苏留学做准备（张同冰、丁俊华，2002：30—31；Price，1976：31）。开学不到一年，中国共产党秘密地将大约60名学生分三批从上海送到莫斯科接受培训（郝淑霞，2006：58；Price，1976：31）。

与上海外国语学社不同，上海大学是国共两党在第一次统一战线的热络关系中共同运作的教育机构。② 尽管上海大学与国民党有联系，但从1923年到1927年，上海大学是中共培养人才的一所重要院校，因为"有苏联培养的教职员工，学生中也有大批中国共产

---

① 上海外国语学社是中共创办的第一所外国语学校，也是我党创建的第一所培养干部的学校，它对推动中国革命的发展，为培养党的早期干部做出了重要贡献，在中国革命史、中国留学教育史及中国外语教育史上均占有重要地位。参见郝淑霞："中共创办的第一所外国语学校——上海外国语学社"，《党史研究与教学》，2012年第5期，第58-61页。——译者注

② 学界对上海大学创建的确切日期意见不一。毕范宇（Price 1976：39）认为，它是由国民党在1923年成立的，初设四个系——社会学系、俄文系、国文系和英文系；但张同冰和丁俊华（2002：30-31）认为，它成立于1922年10月，初设仅三个系——中国文学系、英国文学系和社会学系，但有俄文相关课程。

党党员"（Price，1976：39—40）。1927年，由于国共矛盾，上海大学被迫关闭，当时毕业生总数达到1800人。很多毕业生直接被派往莫斯科中山大学，并在苏联留学期间加入中国共产党（张同冰、丁俊华，2002：30—31；Price，1976：40）。

除上述两家机构参与招募外，中国共产党还通过其下属组织吸纳人才，包括国内外各级党组织和中国共产党组建的中国社会主义青年同盟（钱江，2008）。例如，1926年1月，中共欧洲支部的20名党员被调往莫斯科中山大学（单刚、王英辉，2006）。这所院校由共产国际于1925年创建，旨在培训国共两党成员，支持中国国内革命。20世纪20年代中期，国共两党仍在合作，国民党党员和中国共产党党员都能进入该校学习。但1927年，国共两党关系紧张，大部分学员返回中国（Price，1976：90—94）。这些"苏俄留学生"于30年代重新加入中国共产党，而他们最初就是由中国共产党挑选出来的。他们先前经介绍人推荐和政治审查，政治忠诚度已经得到认可，这形成了某种归属感——这是这些留学生获得中国共产党党内职位（包括口译员职位）的一种必要资本。

此外，这些留学生有幸在苏联名校接受培训，而共产国际几乎指导了整个培训过程。因此，他们当中很多人都对共产国际有了一定的了解，甚至还结下了私人交情。鉴于20世纪30年代初共产国际对中国共产党的深刻影响（North，1963：147—156），无论是获得由共产国际资助的苏联院校所颁发的文凭，还是参加共产国际组织的研讨会，甚至是结识某些共产国际成员，都能极大地提升这些中共党员回国后的个人声望。事实上，在苏联受训后，包括王明、伍修权和王稼祥在内的许多人都曾担任中国共产党党内的高级职务

第三章 政治信仰或现实获利？为中国共产党做口译

（Price，1976：9，101—102）。他们有些人不仅做学生口译员，更在口译工作中与共产国际建立关系，从中获益匪浅。

王明就是个很好的例子。他早年作为苏俄留学生和中国共产党的口译员，获得了成功。他是莫斯科中山大学的第一批中国留学生，因为是班里俄语学得快的学生，所以被选去参加学生口译员培训（熊廷华，2009：23—24）。在口译培训班上，他遇到了莫斯科中山大学校长、共产国际中国委员会主席巴维尔·米夫（Pavel Mif）教授。由于出色的俄语技能和组织能力，王明不仅给米夫留下了深刻的印象，还在完成两年的培训后留校做了口译员（熊廷华，2009：23—24）。除了课堂上的口译工作，王明还积极帮助米夫处理中国学生相关事务。不久后，他就担任米夫的专职口译员，出现在许多公开场合。例如1927年7月，米夫作为苏联代表团团长的访华之旅（李东朗，2008：61）。1927年，在中国共产党第五次全国代表大会上，他担任米夫的口译员。同年，米夫还推荐他为共产国际驻华代表米哈伊尔·马尔科维奇·鲍罗廷（Mikhail Markovich Borodin）做口译。接着，1928年，他还在中国共产党第六次全国代表大会上担任中俄文首席口译员（李东朗，2008：61）。

在后来的政治生涯里，王明利用自己在口译工作中与米夫和共产国际积累的交情，在中国共产党内部谋求更好的职位、更大的权力。1929年8月，王明给米夫写了几封信。他在其中一封信里抱怨，1929年年初回国后，他不受中国共产党领导层的信任，只被分配了一些翻译和技术工作（李东朗，2008：63）。王明的抱怨似乎给米夫和共产国际都留下了深刻的印象，因为在12月，中国共产党收到了共产国际关于苏联留学生职位问题的指示。其中特别提到，有位年轻的同志（王明）在共产国际工作了很长一段时间，却没有受到中国共产党的公平对待（李东朗，2008：63）。在米夫的支持下，王明很快被选入中共中央委员会；1930年，他担任中国共产党高级领导职务；1931年至1937年，他担任中国共产党驻共产国际代表（Zora，1977）。

由学生口译员晋级为专业口译员，再跃升为中国共产党和共产国际的重要政治人物，王明便是20世纪20年代末30年代初担任口译员的苏俄留学生的成功典范。王明的成功无疑是多方面因素共同作用的结果：既是因为他的个性与学识，也是因为20年代末，中国共产党领导层存在内部矛盾，但尤为重要的原因是，王明通过口译工作建立起人脉关系，特别是他与米夫、鲍罗廷等共产国际大人物的交情，最终帮助他在中国共产党权力阶梯上扶摇直上。对于王明来说，口译不仅仅是一种语言专业工作，口译还构成了他政治生涯中的重大转变，他从中发展出自己的惯习，获得了必要的社会资本。

然而，对于效仿者而言，王明的成功传奇难以复制，因为口译场域发生了变化。20世纪30年代，国共内战，中国共产党和共产国际之间的直接联系变得日益困难。此外，在中国共产党内部，亲苏派和毛泽东领导的新权力中心在进行权力斗争，中国共产党和共产国际的关系发生了微妙变化。这一变化直接影响到与共产国际代表直接互动的中俄口译员。具体而言，与口译员职位相关的利益发生了变化，所以他们的资本被重新评估。伍修权和王智涛这两位口译员的例子就很能说明问题。他们曾与30年代共产国际唯一的驻华代表李德共事。

第三章 政治信仰或现实获利？为中国共产党做口译

首先值得一提的是，作为第一位也是唯一一位共产国际军事顾问，李德最初受到了热情的接待。为照顾他在苏区的工作起居，中国共产党做了细致周到的安排。例如，挑选伍修权和王智涛做他的口译员（Braun，1982：31）。他们二人都是苏俄留学生，在苏联知名的军事院校接受过几年的训练，有专业的口译经验（他们的基本履历见表3.1）。

考虑到苏区环境恶劣，李德的身份是军事顾问，中国共产党挑选他们二人可能与年龄、性别等因素有关。此外，这两个人显然还有一些相似的背景。一方面，这或许能证实苏联留学生作为中俄文口译员备受青睐；另一方面，这也反映了中国共产党对口译员职位相关的资本有着高度评价。例如，这两名口译员接受了四年正规的政治和军事教育，几乎同时从莫斯科步兵学校（Moscow Infantry School）毕业。随后两年，伍修权先后担任学校专职口译员和军政口译员；王智涛则在莫斯科中山大学教授大学军事课程。显然，伍修权积累了更多的口译经验，而王智涛可能更熟悉军事。这种情况与伍修权在回忆录中描述的责任分工相吻合。

表3.1 李德的两位中俄文口译员的基本履历[①]

	伍修权	王智涛
年龄（1933年）	25岁	27岁
性别	男	男
出身	城市工人家庭	贫农家庭

---

① 表内数据来自伍修权的回忆录《回忆与怀念》（1991）和其他资源（陈露，1993；崔楠楠，2006）。

续表

留学苏联前的社会政治活动	中学加入共产主义青年团	14 岁加入国民革命军
教育经历	1925—1927 年，莫斯科中山大学 1927—1929 年，莫斯科步兵学校	1925—1931 年，基辅红军学校和莫斯科步兵学校
在苏联的口译/工作经历	1927 年，莫斯科中山大学口译员 1928 年，莫斯科步兵学校口译员 1929 年，苏联红军军事口译员 1929 年，苏联远东边疆保卫局口译员	
党籍	1930 年，苏联共产党候补党员	1931 年，加入苏联共产党
成为李德的口译员前，在中国共产党内的工作经历	1931 年，归国，闽粤赣军区司令部教员 1932 年，红军学校教员、教育主任 1933 年夏，军委直属第三师政委 1933 年夏末，瑞金红军学校政委	1933 年归国，瑞金红军学校教员

伍修权（1991：105—107）曾回忆到，李德到根据地的时候，正值第五次反"围剿"。除了辅助日常交流外，他和王智涛的职责就是协助李德开展军事顾问工作，包括翻译前线来的情报报告和电报（中文翻译成俄文）、绘制军事地图、口头或书面翻译李德对中共中央军委提出的意见和建议。他们二人也按各自的专长进行了分工。李德在瑞金的红军学校担任军事顾问，王智涛主要负责口译李德做的讲座和研讨会；而伍修权主要负责口译中共行政会议和军事会议（1991：105）。

两位口译员在家庭出身以及与中国共产党的政治联系上也有相似之处。尤其是家庭出身，曾是中国共产党评判党员思想忠诚度和政治可靠性的重要依据（Hsiung，1970：67—71）。具体而言，毛泽东将以下四个社会阶级列为中国共产党民族革命的支持者：工人阶级、农民阶级、城市小资产阶级（包括知识分子、城市贫民、公务员、手工业者、自由职业者和小商人）以及民族资产阶级（中产阶级）（毛泽东，1991/1939：645；Hsiung，1970：70）。毛泽东认为，工农阶级是革命的中坚力量，城市小资产阶级能成为可靠的盟友，而民族资产阶级可能动摇不定，只能在一定时期内、一定程度上与之结成同盟（毛泽东，1991/1939：645；Hsiung，1970：70）。因此，家庭出身被中国共产党视为归属感和忠诚度的重要依据。这类似于国民党政府所要求的保证书，以确保口译员出身于支持其政治目标的社会阶层（详见第二章）。伍修权和王智涛完全符合这条要求。伍修权出身贫穷的工人家庭，王智涛则来自典型的贫农家庭。具有讽刺意味的是，在这种情况下，政治意义或象征意义上的经济资本都变得不那么重要了。

在党籍方面，伍修权和王智涛在早期似乎都与中国共产党有联系，而20世纪30年代初，他们都曾加入苏联共产党（简称苏共）。中学时，伍修权加入了中国共产党的青年组织——共产主义青年团，而王智涛14岁就参加了国民革命军。并不确定中国共产党是否会更看重苏共党籍，但许多苏联留学生都加入了苏共，因为在留苏期间加入苏共会相对容易一些。

要分析伍修权和王智涛作为口译员的工作和社会地位，就必须分析他们回到中国共产党后的工作和社会地位。因为这不仅反映了他们所拥有的资本为中国共产党所认可的相对价值，还展现了他们在时代和历史背景下的社会实践，而他们的口译工作都只是暂时的。例如，伍修权1931年回国，1933年10月才被选为李德的口译员。

其间两年，他历任边区根据地司令部的口译员、红军学校教员、红军学校政委兼部队的政委。相较而言，王智涛党内工作的时间并不长。他 1933 年回国，同年 10 月开始担任李德的口译员。此前，他曾在红军学校短暂任教。尽管无法知晓伍修权和王智涛对自己被任命为李德的口译员这个新职位有什么想法，但这样的任命显然是中国共产党基于二人的个人能力，以及中国共产党与共产国际的关系所做出的谨慎决定。

事实上，共产国际对中国共产党有很大影响力，并且，至少在 1933 年至 1934 年期间，因为李德成为驻华代表，这种影响力变得更为具体和直接。据李德的口译员伍修权（1991：105）所说，这一时期，李德似乎在中国共产党的军事事务中拥有决定权，并充当中国共产党与共产国际之间的信使，尽管他只会说俄语，必须一直依赖中国共产党的口译员。而中国共产党几乎所有重要的政治和军事决定，都必须首先通过李德获得共产国际的认可（1991：105）。伍修权对李德在中国共产党的地位的看法，揭示了口译员对其所涉及的权力关系的认识，反过来也部分解释了他后来在权力关系发生变化时对译员地位的反映。

这种关系的变化可以追溯到 1934 年。当时在李德的指导下，中国共产党红军在第五次反"围剿"时遇到了一系列问题。在随后的长征中，中国共产党遭受了巨大损失，与共产国际失去了联系。因此，对共产国际军事顾问的神话逐渐破灭，对共产国际的膜拜也开始瓦解。与之相反，毛泽东领导的新权力核心在崛起，正逐渐影响甚至取代苏联留学生在权力结构中的地位。早在 20 世纪 20 年代末，毛泽东就已经对共产国际在中国的许多政策表达了不同意见，包括反对"以城市为中心"反击国民党政府的"围剿",因而他"不受共产国际待见"(Van Slyke,1968:25—26)。1928年,因领导秋收起义失败,毛泽东被中共中央委员会和政治局开除(Van Slyke,1968:25—26)。尽管毛泽东在苏维埃根据地的农民运动中获得成功,但无论是农民运动还是游击战,他的战略从未获得李德的支持(晓岗,2006:51)。在李德的指导下,红军却屡战屡败,还与共产国际失去了联络,这都让毛泽东有机会争取支持者,不断扩大其政治影响力。

1935年1月,中国共产党在贵州遵义召开会议。这既是中国共产党历史的转折点,也是苏联留学生党内影响力和地位的分水岭。会上,毛泽东派获得了发言权,李德的军事政策受到猛烈批评,李德本人被归咎为1933年年底红军军事失败的罪魁祸首(Harrison,1972:46)。会议最后决议时,"检讨了博古(原名秦邦宪)、王明、李德(原名奥托·布劳恩)等同志的军事错误",撤销了李德的军事顾问职务,改组了中共领导层(Harrison,1972:245—246)。由于博古坚决拥护李德的军事路线,张闻天取代他,担任政治局局长和中国共产党总书记。正如哈里森所指出的,任命张闻天显然是"毛泽东派和'苏联留学生'之间妥协的结果",因为尽管张闻天也是苏联留学生,但他试图在所有党派辩论中保持中立(Harrison,1972:246)。此外,尽管有头衔,张闻天在党内的权力却很小。真正的赢家是毛泽东,不仅当选为中央书记处书记、政治局常委,还担任中央执行委员会主席,并兼任中央军委主席(Harrison,1972:246)。

中国共产党内部权力关系调整,直接影响了中俄口译员。首先,为李德做口译不像以前那么时间紧、任务重。遵义会议后，李德再也无法获得前线的最新情报，也不像以前那样频繁受邀参加军事会议（Braun，1982）。那么李德权力地位下降会影响口译员的利益吗？如果李德对红军的军事失利负责，做他的翻译还会是一件光荣的事情吗？虽然不清楚为李德做口译的两名译员是否因为与李德的关系而被排除在党内重要会议之外，但显然，他们不会再以李德的口译员的身份出席任何会议。这样的变化，口译员如何看待和应对呢？

伍修权早前充分感受过李德的特权。长征初期和遵义会议前，他都曾对李德工作中的傲慢粗鲁表达过不满。例如，伍修权在给中共宣传部部长李维汉的申诉中，声称"李德实际上是帝国主义者。我同意为他做口译只是出于我的党性"（伍修权，1991：116）。有意思的是，这位口译员把他为李德做口译的动机归于党性——中国共产党信仰的体现。他不仅将自己的口译实践视为证明自己政治忠诚的必要手段，而且也没有掩饰自己对李德的厌恶，因为这使他的忠诚言论更具说服力。1936年，伍修权再次发声。此时，他已不再是李德的专职口译员，只是临时受邀为他做口译。李德也已不在权力中心，而是在延安的红军学校教授军事理论。伍修权（1991：128）在回忆录里强调，他不愿接受这项口译工作——"我宁愿做李德的厨师或马夫，也不愿做口译员"，是在中央军委副主席周恩来的多番劝说下，他才同意再次为李德做口译。

伍修权的评论发人深省，因为它反映了译员对这一场域的看法以及与其他机构的相应互动。尽管伍修权声称自己讨厌李德，但当时李德还是中国共产党的军事顾问，伍修权选择继续为李德做口译，因为这关乎他对党的忠诚,也即他的党性,他将因此获得政治资本。但到 1936 年,李德失去了对中国共产党领导层的影响力,若非周恩来进行干预,伍修权就铁心要推掉这项口译工作。鉴于周恩来在中国共产党的领导地位,他的干预实际上是党和口译员之间就口译员职位相关资本的谈判。对伍修权来说,继续为李德做口译工作,表明他愿意抛开个人感情,为党的利益服务,从而证明他对中国共产党的忠诚。在这种情况下,为李德做口译不再单纯是他的职业,而是一种获取政治资本、提升党内形象的手段。

遵义会议后,口译需求减少,伍修权和王智涛逐渐脱离口译工作,开始在党内承担其他工作。伍修权调到红军第三师,而王智涛 1935 年年初调到中共训练与后勤科(伍修权,1991:128)。与王明不同,上述两位口译员在口译工作中获益并不多。相反,他们尽量避免与口译对象有任何私人联系,而且在随后的几年中,他们都没有选择口译作为自己的职业,因为他们都把自己的政治角色、社会目标与口译工作分开。对他们来说,口译不仅是一种职业,还是他们在社会舞台上谋得一席之地、扩展个人关系网络的手段,这一点与王明相同。一旦权力关系发生变化,这项口译工作就有可能阻碍他们的社会活动,所以他们后来都设法从中脱身。这个案例凸显出口译不是一门与世隔绝的职业,而是一种基于口译员与其他机构和行动者互动的社会活动。因此,相较于笔译者,口译员的立场和活动更容易受到内部权力关系的影响,这反过来又可能导致口译员在该领域的投机行为。

3.1.2 投机利益:20 世纪 40 年代中俄口译员培训

与笔译工作不同,口译活动的一个重要条件是口译员的面对面会晤。这种人际交往在20世纪40年代的中国尤其如此，通过互联网或电话进行远程口译在当时是无法想象的。尽管中国共产党1936年恢复了与共产国际的电报通信（Vladimirov，2004/1975：13），但即使在政治和军事中心延安，中俄口译工作也不活跃。因为这里大概只有三个人以俄语为母语——一位医生、一位无线电技术员，还有一位塔斯社记者兼共产国际联络官（彼得·巴菲洛维奇·弗拉基米洛夫），他的汉语够流利，不需要翻译（Vladimirov，2004/1975：366；North 1963：202）。然而，有意思的是，40年代初，中国共产党开始创建并资助自己的中俄翻译培训项目。虽然这一项目的资料有限，散见于以前的中共干部的回忆录中，但中国学者曹慕尧编撰了一部从1941年8月项目开始创建到战争结束的简史（曹慕尧，2002：21—23），如图3.1所示。

据曹慕尧介绍，该培训项目成立时是延安抗日军政大学附属的俄语专业（曹慕尧，2002：21—23）。不到三年，它就发展成了一所外语院校，有中俄、中英两种翻译方向。成立第二个月，它与延安大学俄语系合并，在延安军事学院成立了俄语专业。这次重组很重要，因为它将专业方向设定为军事应用，而非学术研究。当时，学生总数在100人左右。但不到两个月，就改组成为中共中央军委的附属项目，学生增加到200人，其中20人为女性。1942年6月，中央军委编译局与该项目合并。1944年4月，该项目更名为延安外国语学校，一半学生学习中俄口译，一半学生学习中英口译。

这个由中国共产党直接负责的翻译培训项目在延安开展。延安的群众也对学习俄语产生了兴趣。许多机构开设了业余俄语课程，包括中共统一战线中央局、新华社、陕北公学、鲁迅艺术学院、延安文化学会、马克思主义学院和文化俱乐部（张同冰、丁俊华，2002：31）。延安群众学习俄语的热情无与伦比，经常是两三百人报名参加一个业余俄语班，尽管多数人都会由于工作繁忙、工作调动或学习困难等种种因素而中途辍学（张同冰、丁俊华，2002：31）。

```
1941年9月，与延       1941年8月，抗日军政大
安大学俄语系（约  →  学第三附属学校俄语专
30名学生）合并。     业，约有90名学生。
                            ↓
                     1941年12月，更名为延安
                     军事学院俄语专业，有
                     113—150名学生。
                            ↓
                     1942年1月，更名为中央
                     军委俄语项目，学生近     1942年6月，与中
                     200人，其中20人为女性。 ← 央军委编译局（人
                            ↓                  数不详）合并。
                     1944年4月，更名为延安
                     外国语学校，俄语100人，
                     英语90人。
```

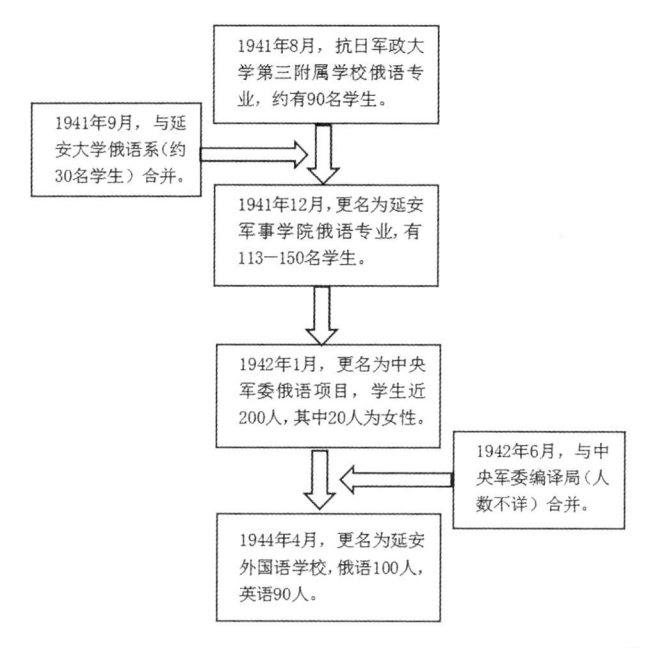

图 3.1 中国共产党中俄口译员培训项目的演变（1941—1945）[①]

---

① 抗战时期延安翻译培训机构的发展与变迁还有与此稍有不同的说法：1938 年 11 月至 1940 年 5 月，抗日军政大学（抗大）三分校五大队敌军工作训练队，培训语种为日语；1940 年 12 月至 1942 年 4 月，敌军工作干部学校，培训语种为日语；1941 年 3 月至 1941 年 11 月，抗大三分校俄文大队，培训语种为俄语；1941 年 12 月至 1942 年 5 月，延安军事学院俄文队，培训语种为俄语；1942 年 6 月至 1944 年 6 月，中央军委俄文学校，培训语种为俄语；1944 年 7 月至 1945 年 10 月，中央军委外国语学校。参见王祥兵、徐芳：《抗战时期延安翻译活动与文化资本》，载《翻译史论丛》2021 年第 3 辑，外语教学与研究出版社 2021 年版。——译者注

考虑到全延安只有三个人以俄语为母语，而且中国共产党与共产国际的交流仅限于电报，因而公众学习俄语的浓厚兴趣和中国共产党培训中俄翻译的大力投入就特别值得探究。那么，中国共产党为何要在这个时候培养这些中俄口译员呢？苏联留学生难道不是口译员的备选库吗？为何延安群众突然对学习俄语产生了兴趣？要回答这些问题，就要重新思考20世纪40年代中国共产党与苏联之间的关系。之所以不考虑共产国际的情况，是因为30年代后，共产国际对中国共产党的影响大幅减弱，并于1943年5月正式解散（McLane，1972：160—161）。如第2.2.2节所述，苏联实施双重战时战略：一方面，苏联保持着与国民党政府的官方外交关系；另一方面，它通过共产国际，对中国共产党施以援手。

苏联对中国的援助全部给了国民党，但中国共产党似乎坚信苏联是其战时的政治和军事盟友。正如毛泽东（1991/1935：161）1935年年末所强调的："我们的抗日战争需要国际人民的援助，首先是苏联人民的援助，他们也一定会援助我们，因为我们和他们是休戚相关的。"[①]1945年7月美国战争部的一份报告也指出，抗日战争期间，中国共产党注重与苏联保持良好的关系，即使苏联1941年年初签署了一项苏日条约（Van Slyke，1968：212）。从毛泽东1939年的文章《苏联利益和人类利益的一致》中也可以看出中国共产党的战略。毛泽东在该文中为苏联签署苏日条约的战略辩护，但批评英国将战争引向共产主义国家的政策和美国政府对形势的漠不

---

① 直接引用自央视网网站里毛泽东的文章《论反对日本帝国主义的策略》，网址为 http://www.cctv.com/special/756/1/49582.html。——译者注

关心（1991/1939：593—601）。此外，毛泽东还特别强调了保持苏联和中国共产党之间的友谊很重要：

关于苏联，我们（中国人）应该加强同苏联的友谊，以便建立两个伟大国家的统一战线，获得更大的支持。（见 Van Slyke，1968：213）

前一段话应该根据苏联战时对中国的军事援助几乎全部归于国民党政府这一事实来理解。中国共产党没有抱怨，而是从言语和行动上支持苏联的政治和军事战略以博得"更大的支持"。1942年至1945年共产国际联络员、塔斯社驻延安记者弗拉基米洛夫（Vladimirov，2004/1975：199）曾指出，包括毛泽东在内的许多中国共产党领导人都在寻求机会从苏联获得实质性支持，特别是以武器弹药的形式。1941年6月，希特勒进攻苏联并将其卷入欧洲战场，中国共产党领导人开始关注在华北地区与苏联进行军事合作的可能性，因为华北的战时位置靠近中国北方与苏联交界的边境地区，并且在日本的防线后面。这个政治背景解释了为何中国共产党突然对培训中俄军事翻译抱有兴趣（张同冰、丁俊华，2002：30—33；郝淑霞，2006：58—61；秦建华，2001：115—117）。

然而，有人可能想知道，为什么中国共产党要投入时间和精力来培训新一代的中俄口译员，而不利用现有资源——苏联留学生呢？如前所述，这些留学生中的许多人不仅接受过多年系统性俄语培训，而且在口译以及与苏联人合作方面也有经验。一种可能的答案是，20世纪40年代，这些留学生所拥有的资本类型和数量超过了翻译职位的要求。归国近 10 年后，他们或许觉得口译工作并不具有吸引力，因为他们积累了 10 年的党内工作经验，并已获得高级职位。简单地说，他们认为放弃目前的职位并不值得。例如，30 年代，王稼祥和杨尚昆都曾在莫斯科中山大学担任口译员，而现在他们均担任党内高级职务，分别为中央政治局委员和中央军委总政治部副主任（Van Slyke，1968：129—133）。同样，李德这个时期的两位口译员伍修权和王智涛都没继续担任口译员，而在党内升到了更高的职位。1941 年 7 月起，伍修权任总政治部作战部副部长（伍修权，1991：185），王智涛任冀东军区第十四军副军长（陈露，1993）。对于这些获得了足够资本以获得更高职位的留学生来说，口译员职业似乎不再具有吸引力，尽管中国共产党可能仍有兴趣为其长期的政治和军事利益培训中俄口译员。

就延安市民学习俄语的热情而言，那些投入俄语学习的人不太可能把口译员作为自己的职业目标。事实上，大多数人可能只是想拥有足够的基础语言知识来参与中国共产党和苏联人之间的潜在合作。他们在学习俄语方面表现出的热情反映了行动者之间为获得某些职位所必需的资本而展开的竞争。在这种情况下，中国共产党的翻译培训计划可能发挥了作用，传达了该领域变化的官方信息，从而刺激和鼓励了场域中行动者之间的竞争。然而，这些行动者对相关职位和潜在利益的认知和预期的动力来自他们的惯习，体现在该场域的权力关系中，包括中国共产党对苏联的政策。这种类型的感知和预期反映了行动者的"幻象"及其在社会实践（包括职业取向）中的作用。他们相信中国共产党和苏联即将展开军事合作。这些行动者希望获得预期的资本，因为这对某些职位和利益至关重要。但这种希望从未实现，因为一直到1943年，苏联都在忙于与德国作战，无暇顾及中国（McLane，1972：156—157）。

3.2 场域中的意外利益

3.2.1 西方记者的访问和美国迪克西使团

正如所预料的那样，随着战争的发展，1944年延安的口译员终于迎来了良机；但意料之外的是，这良机却是属于中英口译员。产生这一机遇的部分原因是，中国共产党的实力及其对中国抗日力量的影响增强，西方记者对中国北方的共产主义者充满好奇，报道采访日渐增多。早在1937年，一些西方记者就曾赴延安报道中国共产党领导的军队，其中包括埃德加·斯诺（Edgar Snow）、安娜·路易斯·斯特朗（Anna Louis Strong）、汉斯·希伯尔（Hans Shipper）和艾格妮丝·史沫特莱（Agnes Smedley）（张注洪，2007：20—29）。20世纪40年代以前，由于国民党的军事封锁，这些记者的人数很少，他们预料到了语言问题，就自带了翻译。1944年春，国民党批准的西方记者团来到延安，中国共产党便要解决中英口译员的问题。

迫切需要中英口译员的另一个原因是，中国共产党20世纪40年代修改了对西方国家（尤其是对美国）的外交政策。事实上，除了维持与苏联的关系，中国共产党还在国内外采取开放政策，争取更多的国际支持与合作。在1940年4月，中国共产党就在华南支部成立了国际宣传委员会。珍珠港事件后，中国共产党就不再将美国称为"帝国主义"，并将第二次世界大战称为"法西斯主义和民主之间的全球斗争"，而美国是盟国（Readon-Anderson，1980：37）。

在美国人看来，中国共产党似乎日益强大，正在抑制日本向中国和亚洲扩张。1943年6月，驻重庆的美国外交官约翰·帕顿·戴维斯（John Paton Davies）在给驻华美军司令史迪威将军的一份备忘录中，建议美国派观察团到延安与中国共产党取得联系。他特别指出，共产党是中国"最有凝聚力、最有纪律、最有进取性的抗日团体"，他们在中国北方的军事扩张将对日本和苏联的战时活动产生重要影响（Barrett，1970：23）。1944年，国民党军队在豫湘桂战役中军事大溃败，也给了中国共产党呼吁统一战线共同抗战的机会，这引起了美国人对中国共产党的兴趣和关注。因此，尽管国民党政府设置了重重障碍，但美国总统罗斯福坚持把美国陆军观察团迪克西使团派往延安（Barrett，1970：23—24）。

为充分利用这一契机，提升国内外形象，扩大政治影响力，中国共产党在接待迪克西使团和记者团时煞费苦心。1944年7月，中国共产党成立了外事组，负责处理与外国来访者有关的一切事务，直接向中央军事委员会报告（凌青，2008a：21—22）。1944年8月19日，在迪克西使团到达之前，毛泽东召开了中央委员会会议，批准了周恩来拟定的《关于外交工作的指示》，将它作为中共外交政策的指导性文件下发各级党员。周恩来在文件中强调了党的外交目标，即"在不损害革命成果、不违背自力更生的原则下，争取外国援助"（Readon-Anderson，1980：41）。他指出，接待美国迪克西使团是中国共产党正式外交工作的开端；有必要为使团成员与党的领导人安排单独会晤；外事组所有工作人员都要站稳民族立场，防止"排外、惧外和媚外"(Readon-Anderson，1980：37)。[①]该文件对本研究的重要性源于以下事实：这些外交原则适用于中共外事组的所有工作人员，包括中英口译员。他们在该场域的利益取决于中国共产党与美国的外交关系，而美国是国民党的外国盟友。

3.2.2 从口译员到外交官

如前所述，1944年4月，中俄翻译培训项目从中央军委分离出来，更名为延安外国语学校。该培训计划的另一个重要变化是增加了中英文翻译方向，共有90名学生，几乎占总入学人数的一半。尽管关于这些学生的出身和背景的资料很少，但多数人应该是从延安的中共党员干部中挑选出来的，他们对英语有一定的了解（凌青，2008a：19—22）。但美国迪克西使团还有三个月就要抵达，口译员的培训时间所剩无几。因此，学校根据语言测试的成绩，将学员分为A、B、C三组，并设定不同的训练时间（凌青，2008a：19—20）。例如，A组接受三个月的强化训练，到1944年年底，只有约12名学员在训练期间逐渐承担起实际的小型口译任务（凌青，2008a：19—20）。延安著名的外国友人，如林迈可（即迈克尔·林赛勋爵，Michael Lindsay）、马海德（即乔治·海德姆，George Hatem）等，成为培训项目的教师（凌青，2008a：19—20）。

与国民党政府的外事局类似，中国共产党的外事组是负责中国共产党与外国来访者之间沟通和联络的主要机构，所需口译的

[①] 参考国务院新闻办公室门户网站文章《1944年8月18日中共中央发出关于外交工作的指示》，原文为"我们办外交首先必须站稳民族立场，反对百年来在民族问题上存在的排外、惧外和媚外两种错误观念"，网址为 http://www.scio.gov.cn/wszt/wz/Document/984580/984580.htm。——译者注

内容更偏外交而非军事。与国民党外事局相比，中国共产党的外事组要小得多，分为四科：联络科、研究科（负责翻译有关美国的报刊书籍）、翻译科和行政科。由于实际工作人员数量有限，所以大家经常分担口译工作。当时，外事组的口译工作主要由三名中英文口译员负责，他们是黄华、陈家康和凌青（Barrett，1970：31；凌青，2005：16—23）。黄华最初担任翻译科科长，后来担任联络科科长。陈家康最初担任联络科科长，兼任美国迪克西使团在延安初期的首席翻译。凌青（2008a：23）称自己是外事组的勤杂工，翻译科、联络科甚至研究科，无论何时，哪里需要他，他就去哪里。①

这种多任务并行状态的主要原因是，延安对中英口译员的实际需求并没有那么大。除了西方记者和美国迪克西使团，中国共产党没有发展任何正式外交关系，也没有与任何外国势力保持定期沟通。此外，迪克西使团的许多官员都是从美国外交部或美国驻华大使馆挑选出来的。约翰·帕顿·戴维斯（John Paton Davies）、大卫·巴雷特（David D. Barret）和谢伟思（John S. Servie）等驻华武官，均于20世纪30年代接受过汉语培训，有足够的语言技能，能用汉语对话，并为其他美国官员做口译服务（Davies，1974：162—164；318）。所以，延安外国语学校中英翻译培训项目的目标是为中国共产党和美军可能的军事合作做准备，因为美国计划在战争末期登陆中国。然而，由于美国政府决定支持国民党在中国掌权，美国和中

---

① 战争快结束时，口译人员的数量可能增加了。于饭认为，在1946年由美国调停的国共和谈中，至少5名中共资深党员参与翻译工作，此外还有其他翻译人员参与。引自《中共的洋包子》，发表在《消息》1946年第11期，174-175。

国共产党的蜜月期（1944年8月至1945年2月）戛然而止。

中国共产党和美国之间短暂的友好关系对党内的中英口译员产生了重大影响。随着外事组成立，这些口译员成为外交机构里官方认定的翻译和联络人员。（在中国共产党的领导下，）他们只代表和服务于中国的利益，与任何外国势力无关。换言之，这些口译员被正式安排在了中国共产党国际关系体系的最前沿。战争结束时，中国共产党的政治和军事实力有所增长。这些口译员也从他们的口译工作中受益匪浅，尤其在他们获得党内地位方面。凌青曾在延安外国语学校接受培训，并由外事组派到美国迪克西使团做口译。他在回忆录中对此发表如下评论：

> 组织部门的决定不仅改变了我今后整个革命生涯的旅程，是我人生的一个转折点，而且使我"光荣"地成为最早参加中国共产党外事工作的"元老"之一。尤其是，这项安排还使我有机会近距离接触中国共产党第一代中央领导集体的大人物，包括毛泽东、周恩来、刘少奇、朱德、任弼时和很多领导同志。不用说入党几年，即使十几二十年的老同志也不一定有这个机会。

显然，凌青很清楚自己从口译和联络工作中获益颇多。他是个年轻、资历浅的初级党员，却能接触到中国共产党的权力中心。面对面做口译，显然给了他很多机会与党的领导人相识，这大大扩展了他的社交圈，提高了他在党内的知名度。正如后来他在回忆录中所说的，当中国共产党完全控制住中国成为中国官方政府后，他很快就被任命为时任中央外事组领导杨尚昆的直接下属（凌青，

2008a: 19—20）。

2008年，凌青90岁高龄。他接受了中央电视台的采访，对战争时期自己在延安的口译工作作了简短的评论。当被问到是否认为自己是翻译专家时，他明确表示否认。他用"山中无老虎，猴子称大王"来打比方，解释道："那时候在延安没有几个人讲英语能讲得有留学生那样好，我们接受了一些英语培训，年纪又轻，就被选上去做翻译了。"（凌青，2008b）对凌青而言，口译工作只是他在外事部门工作的初级阶段。他不断积累口译和联络方面的经验，很快就开始负责更多的外交工作，并在新中国的外交部担任高级职务（凌青，2008b）。

凌青并不是延安唯一一个转换职业发展方向的中英口译员。1944年，黄华担任外事组翻译科科长。他曾是《红星照耀中国》的作者埃德加·斯诺的陪同口译员（凌青，2008a：22）。他不仅在1945年中国共产党与美国代表的最后谈判中担任首席口译员，而且作为中国共产党代表出席了许多重要的外交场合。20世纪80年代，他甚至成了中国外交部部长（黄华，2008）。

如前文讨论过的中俄口译员一样，对于凌青和黄华来说，口译是一种职业，但不单纯只是一种职业。基于语言知识和其他素质，他们被选为口译员，但他们的口译工作使他们能获得更多的资本和更好的职位。口译是他们在党内工作的一部分，口译员是他们特定时期内被指派扮演的角色。然而现实中，若以口译工作的时长或排他性来判断是否是"专业口译人员"，那么仔细审视这些口译员作为一个社会整体的生活和职业，就会发现一个问题：他们是否真的能被称为专业口译员？如前所述，许多人受到口译经历的巨大影响，即使这些经历只是他们工作或生活中的小插曲。如此短暂的口译员经历，带来了下面这个与职业惯习相关的有趣问题（Simeoni，1998；Inghilleri 2003，2005a）：口译员职业应该如何界定？如果说口译员的职业惯习是一个基于职业培训、实践和见习的不断精进的过程，那么就很难判断一个人何时足以被称为口译职业人士并形成了职业惯习。此外，并非每个口译员都在实践前接受过培训，而且口译员参加培训的时间和程度以及专业领域在不同的社会、文化和历史背景下会有所不同。因此，在不同的背景下应用职业惯习概念，需要深思熟虑。

毫无疑问，本章所讨论的口译员是一群特殊的职业人士。虽然口译经历不长，但是他们不仅能够在不同背景和不同关系的代理人之间进行沟通和互动，而且还参与了他们的服务对象之间的互动。更有意思的是，他们倾向于利用或摒弃通过面对面口译工作与服务对象建立的个人关系。在适当的情况下，这些关系转化为社会资本，他们可以利用这些资本在社会舞台上争夺更多的利益，并升迁到更有利的职位。

3.3 结论

本章讨论了中国共产党在战争期间训练或使用的中俄和中英口译员。与国民党不同，面对与占主导地位的国民党政府的冲突，中国共产党没有从民众中聘请口译员，而是主要从党员中挑选口译员。因此，他们对党和共产主义的忠诚与信仰，通过他们在党的监督下的培训和工作，在口译员惯习上得以体现和强调。因此，这些口译员很少将自己视为独立职业者，而是将口译实践与自己在中国共产党内的政治地位联系起来，在战争期间的口译工作体现了他们的政治主张。此外，中国共产党的外交政策直接影响到译员的立场。例如，随着中国共产党对共产国际政策的变化，与共产国际代表一起工作的口译员在不同时期对口译工作可能会有非常不同的态度和反应。

此外，主要是中国共产党高级领导人与包括共产国际在内的外国势力进行交流时需要口译。口译员在口译服务中结交中共高级成员或共产国际领导人，往往可以从中获得重要的社会政治资本。因此，对于中国共产党来说，口译员是获得国际支持和联系外国军事和政治势力的重要资源；而对于口译员自身来说，口译工作能够帮助他们拓展社交圈、证明政治忠诚度，甚至谋求党内更好的职位。当口译员必须处理不同群体之间不平衡的权力关系时，这种动态关系尤其如此。例如，一方当事人依赖另一方当事人或向另一方当事人寻求利益。第四章将以中日口译员为例详细论述这一点——这些口译员必须面对日本侵略者和中国平民之间的冲突。

第四章
为敌军做口译：通敌口译员与日军

第四章 为敌军做口译：通敌口译员与日军

鉴于战争的持续时间和日本对中国的军事占领，口译员无疑是日军在华作战的重要组成部分。然而，对于中国口译员来说，为日军工作是一个远比为国民党或中国共产党工作复杂得多的问题。最严重的是，口译员为日军工作是为祖国的敌人服务，他们被中国民众痛骂为汉奸。然而，对于那些不能撤退到内地，不得不面对沦陷区残酷现实的人来说，为日本人服务是避免财产和生命损失的生存策略，更是为自己的利益而斗争的切实手段。战争期间，日本军队根据中国口译员的日语水平和其他技能，雇用他们在不同级别的各种环境中工作，包括地方伪政府、市法院、宪兵队等。鉴于他们的日语和汉语知识，这些口译员在沦陷区伪政权中占据了重要地位。他们的行为和态度对当地中国民众产生了重大影响。

与国民党政府一样，日本人在战争期间也曾想用自己的口译员。早在19世纪90年代末，日本就在中国建立了日中商务研究中心、山林书院、福州东亚研究会、南京同文书院、上海东亚同文书院等多个机构，以培养日本学生的中国语言文化（石晓军，1992：246）。这些院校的毕业生是日本的中日军事口译员的重要来源。例如，甲午战争期间，日中商务研究中心的大部分毕业生都曾担任日军口译员。抗日战争期间，上海东亚同文学院的约100名日本学生，被直接征召为军事口译员（赵文远，2002：53；周德喜，2006：56—57，112）。此外，日本还从台湾调用"被同化了"（assimilated）的中国口译员，因为19世纪末，中日签订《马关条约》（徐心坦，2004：455—458），日本在台湾建立了殖民统治。

尽管如此，日本在战争期间仍然需要当地的中国口译员。日本在中国驻扎了80万至100万军队（Barrett，2001：8）。后勤、情报、作战等所有事务上，日本都不得不依赖口译员协助。同时，它还要巩固对沦陷区的统治，其中包括中国北方的大部分地区，特别是伪满洲地区（1932年起）；以及华东和华中的大部分城镇（1938年年底前），北至长城，南达广东（Barrett，2001：2）。由于诸多因素（如日本占领时间、教育程度、人口密度等），各地日军对中日口译员的实际需求各不相同。但在帮助日军加强对当地人的统治方面，当地招募的中国口译员显然比其他人有更多优势，因为他们既懂语言（包括当地方言），又熟悉当地情况。

日本军队在与抗日力量和当地民众接触时，需要口译员。日本对各沦陷区的统治程度不同，抗日力量与汉奸共存，因此，本文所研究的是一个充斥着复杂的政治和军事权力关系的口译场域。本章着重讨论通敌（中日）口译员，特别是他们选择勾结日军的问题、他们在权力结构中的定位以及他们在口译工作中的表现。

4.1 汉奸：通敌口译员

如"引言"部分所述，汉奸是一个特殊的标签，即使在今天，也适用于几乎所有与冲突中的外国势力有勾连的中国人（Wong，2007）。在抗日战争期间，中国公众使用这个词也很普遍，指的是

第四章 为敌军做口译：通敌口译员与日军

任何与日本军队勾结的中国人。然而，"汉奸"这种对"通敌口译员"一刀切的表述是有问题的，因为有些与日军合作的口译员也为中国人民做着一些"正义的事情"，而许多口译员对自己的口译工作可能也并不认为是一种汉奸行为。它不仅过分简化了口译员在极端情况下可能遇到的复杂情况，而且忽视了由于场域中的不同定位而产生的个体差异。例如，在政治谈判中调停中日官员的高级口译员，他们很可能会觉得自己与那些陪同日军上战场、目睹日军侵略暴行的口译员不是同一类人。

然而，"汉奸"作为一个具有民族主义色彩的词语，确实反映了每一位中国译员在战争期间被灌输的道德和政治价值体系，以及中日政治和军事大国之间的冲突。后者尤其适用于沦陷区的通敌口译员：由于他们的中国文化和民族身份背景，他们身居日本人统治的一个场域，同时受到来自另一个场域的评判和压力，而在这个场域中，中国人仍占主导地位。然而，这种压力的广度和强度，或者说这种有关道德和政治忠诚所感受到的价值，因个人的政治信仰和社会地位不同而各异，并受到与日军在不同地区控制的时间长短和力度大小等相关情境因素的影响。

例如，傅葆石（1993）对上海沦陷区的中国知识分子的个案研究，揭示了那些选择与日本人合作的人需要应对的非常紧张的局面。对这些知识分子来说，对国家观念的忠诚是正直的基本指标，这使得通敌远比失去工作甚至生命更丢脸（1993：82）。然而，大卫·巴雷特（Barrett，2001：116，130）观察到，那些居住在沦陷区的人实际上更倾向于容忍通敌，因为一方面，他们必须自己面对残酷的现实；另一方面，他们确实受益于伪政府在中国人和日军之间发挥的缓冲作用。因此，沦陷区的大多数人认为通敌是一个很现实的问题，沦陷区生存的刚需使得一些人不得不接受这个现实。

这种生存的基本需要也许可以解释为什么有些人选择做翻译，与日本军队勾结，尽管他们知道自己的行为会被人不齿。毕竟，举家迁离不是对每个人都很现实，尤其是在战争期间，成千上万的人试图逃离危险（Barrett，2001：125—126）。在日本人到达之前，那些买不起或无法弄到飞机票、火车票或其他交通票证逃离的人，在其他地方也找不到安身之所，只能留在沦陷区谋生。为了能挣足够的钱养活自己和家人，他们会选择任何职位，包括翻译。那些对日本语言和文化有一定了解的人当翻译，这似乎是占领期间自我保护的一个简单而实用的谋生方式。这可以从国民党政府抓获的一名汉奸口译员的案件中得到证明：[1]

> 问：姓名、年龄、籍贯、职业？
>
> 答：张和臣，46，浙江宁波人，贸易。
>
> 问：你在什么学校毕业？
>
> 答：宁波育才中学。
>
> 问：你学过日文没有？
>
> 答：我在学校没有学过日文，我自民国十五年到日本做过生意，（民国）十八年才回上海做生意，以后才搬到宜昌做生意，所以知道日文。

---

[1] NHA 787-17362-0790（16J-0823，0790-0796）。

第四章 为敌军做口译：通敌口译员与日军

问：宜昌沦陷前你为什么不离开？

答：因手中拮据，二老年高家小众多，所以不能离开。

问：你参加他们工作是哪一年？

答：就是宜昌失陷的那年。没有走的老百姓都到天主堂躲避敌人。敌人到天主堂大肆搜索，（他们）全叫我向敌人说好话，正在两难之间，没有办法，只有挺身而出，为他们说好话。结果都脱了虎口。[①]

尽管张的陈述可能是为了确保中国当局对他"叛国"的口译工作从轻处罚，但他的案例确实表明，在战争期间，一些口译员选择与日本军队勾结，以保护自己，也保护当地社区。这种由中国译员出面的沟通在日军攻城时非常重要，因为中国平民的沉默可以理解为抵抗，可能导致惩罚和杀戮。然而，尽管积极的沟通可能会给平民一个生存的机会，但它也意味着通敌的意愿，这通常会被定义为"叛国"行为。

然而，为敌人做口译工作可能并不能简单归结为口译员为了自我保存而进行的一项交易。如以下各节都表明，并非每个口译员都必须与日本人勾结才能在暴力冲突中生存；相反，在某些情况下，沦陷区占领者为获得口译员而做出巨大努力。尤其是因为中国译员是日军巩固占领和维持军队不可或缺的资源，所以一些中国人认为当翻译是一项相当好的工作，能得到日军的补偿，并且由于与日本人的关系，在当地社区有许多潜在的物质和非物质利益。因此，尽管在占领时期与日本人合作是口译员的主要生存策略，但由于他们的动机和个人经

---

① 引用的语句中有一些病句，为保持档案记录原样，对这些病句不做修改。——译者注

历不同，他们的地位和实际表现可能会有很大的不同。此外，正如巴雷特（Barret, 2001: 116）所强调的，由于社会地位和教育背景的不同，生存在不同人眼里的意义也是不同的。因此，了解这些通敌口译员的身份，以及他们在日本人主导的权力阶层中的地位是很重要的。

4.2 日军招募中国口译员

总的来说，日本军队招募中国译员的正式性和集中性不如国民党政府。例如，日本人没有像国民党外事局或中国共产党外事组那样指定的中央机构或权力机关，来处理战争期间招募和培训中国译员等问题。更确切地说，就和前面说的张和臣译员的情况一样（见4.1部分），许多口译员只是从当地居民中聘请的，特别是考虑到战争期间日军对不同级别口译员的需求很广泛，情况更是如此。例如，其中一些口译员负责日军和地方伪政府之间的联络和沟通，有些则主要是在当地社区与中国警察和日本军队共事，而其他人可能需要在战场上为日本军队服务。这些不同的职责导致了具有不同能力和经验的口译员的不同定位。一般来说，这些为敌人服务的口译员可根据他们在什么地方接受其日语技能培训而分为两类：一类是在日本学习或工作后回国的口译员（日本留学生口译员）；一类是在当地接受培训的口译员。

4.2.1 日本留学生口译员

从日本归国的口译员可进一步分为两组：受过高等教育的口译员（日本留学生）和没有受过高等教育的口译员。如第二章所述，在20世纪初，有相当一部分中国人到过日本，主要是为了留学。据估计，从1890年到1937年，至少有5万中国学生从日本的大学毕业（Keishu,

1983：122）。这些留学生通常有多年在日本学习和生活的经历，因此既有必要的日语知识，也有某些领域的专门知识。另一组可能成为中日口译员候选人的人，是那些曾经访问过日本并在那里工作过的人，因此他们掌握了特殊的日语技能。尽管他们可能没有接受过正式的语言培训或教育，但这些人用日语进行日常对话通常没有问题，而且在对于日本人要求较低的口译场合来说，他们是一个有用的资源。与苏联留学生相比，日本留学生由于卷入中日权力关系的冲突，面临着更大的困境。和每个中国人一样，他们也面临着抵抗外来侵略者的压力，如果他们选择通敌，将会被视为"汉奸"，从而有可能失去他们在中国社会的社会资本和文化资本。然而，身处暴力冲突或面对沦陷的现实，这些日本留学生因为自己拥有的日语知识以及在日本的高等教育经历，他们有机会获得其他资本。

为了说明这些日本留学生的日语知识如何帮助自己在战争期间找到口译相关的工作，让我们看看1938年至1941年，即北京沦陷的前三年，北京市法院雇用中日译员的情况（见表4.1）。在这三年中，共有四名中日口译员在法庭工作。虽然他们都没有口译经验，但都有战前日本的高等教育背景。因此，尽管没有档案表明，没有在日本受过教育的口译员被拒绝担任该职位，但100%雇用具有类似背景的口译员就已经很能说明问题了。这四名口译员中的金宗宪、张汝沛和周传刚三人甚至拥有日本大学的法学学位，这在一定程度上解释了他们被任命为法庭口译员的原因。有意思的是，在沦陷前，四人都在当地政府有稳定的工作，周传刚、王廷美两人甚至还拥有局长的头衔。然而，当这一地区落入日本人手中时，由于主导权关系的变化，他们失去了工作，被迫在这一场域占统治地位的权力关系中重新定位自己，而当起了译员。

根据法庭记录，这四名日本留学生的就业是基于他们的自愿申请。因此，他们的通敌口译工作可能不仅仅是一种为了人身安全的妥协，而是一种通过充分利用他们在该场域的资本来重新规整自己位置的策略，也就是说，利用他们的日语学位和日本语言及文化知识在日本人扶持的伪政府中获得职位。尽管与占领前相比，他们决定担任中日译员可能不一定会给他们带来更多的晋升或薪水，但这种重新定位是应对占统治地位权力关系变化的必要调整。

对于新的中国傀儡政府来说，熟悉当地社区，又拥有在先前权力结构相关领域工作的经验，这样的口译员是相当重要的人才。金宗宪是表 4.1 中列举的四名法庭口译员之一，他的任命就是一个例证。其任命文件表明，除了日本军事警察积压的案件卷宗需要翻译外，北京市法院对中日翻译的需求也在不断增加，因为法院每天都要与日军、来访官员进行联络，每天都需要法庭口译。这份文件还显示，早在 1939 年 8 月 3 日（金的任命前两年），司法部要求招录一名中日口译员，但在金的申请之前，没有发现合格的申请人。然而，金宗宪似乎给法庭留下了深刻的印象，并被形容为一个理想的口译员候选人："目前的申请人，金宗宪，日本早稻田大学法律专业毕业生。他只有 28 岁，精力充沛，有着多年的日本生活经验和优秀的写作能力。回到中国后，金一直在北京特别自治委员会和山西省公共事务局工作。"[①]

---

① BA J65-3-14。

第四章 为敌军做口译：通敌口译员与日军

表 4.1 1938 年至 1941 年，北京市法院聘请的中日口译员

姓名	性别	年龄	籍贯	高等教育背景	薪金	以前的工作经历
金宗宪[a]	男	28年（1941年时）	安徽婺源	毕业于日本早稻田大学，获法学学位	八级	1937年12月，北京特别自治委员会书记处职员；1938年1月，北京市公安局职员；1938年3月，山西省公安厅职员
张汝沛[b]	男	30岁（1940年时）	北京	1920年3月，毕业于日本东京铁道学校（3年）；1936年3月，毕业于日本东京私立政法大学，获法学学位（3年）	六级	1936年10月，北宁铁路局营业部；1937年3月，北京铁路局丰台站副站长兼对外联络员；1937年4月，天津铁路局出版宣传处工作人员；1938年10月，济南铁路建设局行政人员；1939年8月，太原市土木工程局
周传刚[c]	男	33岁（1940年时）	山东蓬莱	毕业于日本森冈高等农林学校，获学位	十级	1933年5月，奉天省庄河县行政办公室主任；1934年3月，奉天省易县商务厅厅长；1935年7月，安东省立商科学校教师；1938年2月，安东商务厅农林集团负责人

续表

王廷美[d]	男	34岁（1938年时）	安徽南陵	毕业于日本东京政法大学，获政治经济学学位（3年）	十级	1933年5月，第17步兵司令部秘书；1935年，北京中文大学政治经济系讲师；1936年1月，冀东市政府进出口检验局局长

a 北京地方法院行政卷宗通译就职人事，1941年3月26日，BA J65-3-142。
b 北京地方法院行政卷宗通译就职等，1940年，BA J65-3-128-6。
c 北京地方法院行政卷宗通译就职人事，1940年，BA J65-3-128-44。
d 北京地方法院行政卷宗通译人员任免，1939年，BA J65-3-106-7。

金宗宪的职位显然是法院的正式职位，有着固定月薪(100元)。[①] 看得出，法院对这一职位的申请人期望很高，因为在金宗宪出现之前，法院找不到合格的候选人。因此，法院对金的能力适切性的描述很具有启发意义，因为它规约了要胜任这个职位，什么样的资本才有价值，这其中包括日语技能、法律专业知识、相关的教育背景和在日本生活的经历、年龄、身体状况以及在本地政府工作的经验等。而最重要的是，法院特别强调译员的教育背景和旅居日本的经历，把它们作为日语口语和写作水平的证据。

有趣的是，除了金宗宪的语言能力外，法院还看重他在日本留学后在中国政府的工作经历。这一强调反映了日本留学生在沦陷区从事翻译工作的一个重要现实，即许多留学生实际上直接受雇于在沦陷区担任重要行政职务的汉奸。因此，口译员以前在国民党政府的经历，非但不是消极的，反而被视为他社会能力、个人能力和资

---

① BA J65-3-14。

第四章　为敌军做口译：通敌口译员与日军

本增值的证据。

与北京市法院招聘口译员相比，1941年4月北京市警察局招聘口译员的要求似乎要低一些。[①] 北京市公安局的这次招聘显然是为了填补当地社区的一些临时职位。其在招聘广告中解释说，口译员接到工作任务后将按天数发放薪资。这些职位的任务主要是协助日本宪兵队调查在京中国居民的信息。要求也很直接：北京居民、精通日语、能随叫随到。对学位或资历没有具体要求，填写申请表只需填写姓名、年龄、出生地、职业和住址等个人信息。显然，警察局正在寻找会说日语、熟悉当地人口和环境的人。虽然法院和公安局这两项招聘都强调中日文技能，但他们的目标是具有不同语言水平、教育程度和社会背景的不同口译员群体。

沦陷区的北京政府招聘口译员的这两个例子清楚地表明，尽管有着相同的"口译员"头衔，但口译员的工作场域至少分为两个等级，他们在这个场域的权力层级中处于不同的级别，相对应的利益也不同。如表4.1所示，北京市法院的所有口译员职位都由日本留学生担任，他们不仅拥有相关学位，而且有在地方政府工作的经验。然而，第二种口译员招聘显然不是针对这些在国外留过学的，对应聘者的要求要低得多，只是临时性工作，领日薪。因此，可以预料，第二种招聘中口译员职位的地位相应会比较低。换言之，场域中利益的分布是不均衡的，会根据译员地位和拥有资本的不同而有等级变化。那么，日本留学生会对这些职位有兴趣吗？如果没有，谁是

---

① 《警察局关于调查一般劳工厂矿及各工厂的自治及保安科选通译员等训令》，1941年4月，BA J183-2-30008。

战争中的译员　SURVIVING IN VIOLENT CONFLICTS
CHINESE INTERPRETERS IN THE SECOND SINO-JAPANESE WAR 1931—1945

这类口译员职位的潜在候选人？南京市档案馆有一份关于南京市公共事务局在占领期间雇用的 7 名口译员的报告。① 与警察局的案件一样，这些口译员负责协助当地华人社区与日本军队之间的沟通。根据这份报告，南京市公共事务局对目前聘用的口译员的能力表示关注。因此，1938 年 9 月，南京被日军占领近 10 个月后，公共事务局对这些口译员进行了评估，特别是他们的背景、日语知识和工作态度。这项评估是基于一个 10 分的计分系统。在这个系统中，表现越好，得分就越高。评估是由一名日本情报人员和一名资深中国口译员主持的。材料显示，被评估的 7 名口译员都不是日本留学生。事实上，除了年龄最大的袁启生（男，59 岁）毕业于当地一所日本学校外，他们没有接受过正规的日语教育，但通过多年在日本或在中国的日本商店的工作经验，掌握了日语技能。这些口译员在日语水平测试中的平均分为 5.4 分，相对较低，只有袁口译员例外，得了 8 分。此外，王长福（男，32 岁）和蔡清科（男，35 岁）两名口译员连日语都不会写。与他们的日语水平相比，这些口译员的态度被评价为略高，平均 7.1 分，而袁口译员得了满分。作为评估的结论，评审员建议这些口译员参加为期两个月的培训课程，内容包括日语中的敬语表达、日本文化礼仪和公共事务局的行政法规。显然，评审人员认为这些口译员的日语表达有问题，他们对自己的职位理解不足。也就是说，在评审人员看来，尽管口译工作是临时性的，但合格的口译员除了具备语言能力和敬业精神外，还应掌握

---

① 《本处关于训练各区公所通译员办法》，1938 年 9 月 16 日，NCA 1002-2-1292。

第四章 为敌军做口译：通敌口译员与日军

文化礼仪，熟悉政府规章制度。

本次评估结束时，中国评审员还给出了评语："经以上考查，王长福和蔡清科太不行了，他们只配充军队通译，候机更换实为必要。"[①] 没有任何信息表明，日本军队的军事口译员对语言技能的要求可能会降低，然而，中国评估员的评论表明，至少在一些口译员看来，军事口译员在该场域属于较低级别。这种看法可能不具代表性，但确实表明，对一些口译员来说，尽管军事口译存在更大的人身危险，但其专业水平并不高。这种情况与国民党军事口译形成了强烈的对比，并提醒我们在战争期间的不同背景下，对军事口译职业的看法可能不尽相同。

另外，从日本留学生到法庭口译员，从日本归国的小企业主、理发师、店员到社区口译员，他们担任这些职务反映了由于日本占领所带来的场域结构变化而导致的资本流动。一方面，日本留学生凭借其语言技能和社会教育经验，担任高级职位，特别是需要专业知识的职位；而那些缺乏教育和社会地位低的人，没有足够的语言能力和社会能力，只能得到低端的口译工作职位。因此，"口译员"这个标签涵盖的职位千差万别，与不同的利益以及拥有不同资本的行动者联系在一起。另一方面，这些口译员的职位取向和实践表现也建构了这个场域。也就是说，日语知识的价值通过这些口译员的地位和利害关系而具体化，并鼓励其他口译员走向同样的职位，这样一种动力催生了另外一批口译员——本地培训的口译员。

---

① NCA 1002-2-1292。

4.2.2 本地培训的口译员：强制性日语教育和语言惯习

严格地说，用"本地培训的口译员"来指代本节所讨论的口译员并不是很恰当，因为他们当中很少有人接受过正式的口译员培训。相反，他们通常是在沦陷区推行的大众日语教育中获得语言技能的，这种强制性的语言教育是日本占领军要达到的目标之一。自战争开始以来，日本一直致力于在沦陷地区，特别是在教育部门普及日语并使其合法化，希望语言问题最终不再是一个问题。这一政策使沦陷区的日语学校和课程繁荣发展。这些学校的毕业生是口译员的另一个重要来源，特别是沦陷时间相对较长的地区。例如，如果一个在伪满洲地区的中国学生在1932年16岁时开始接受日语培训，那时伪满洲地区正处于日本的统治之下（Barret，2001：2），那么到1938年，也就是战争的中期，他已经学了6年日语。

此外，除了许多由日本人赞助的公立和私立全日制和非全日制日语课程外，沦陷区的每一所中小学都被迫把日语当作母语进行教学。尽管这种强制性日语语言教育的最终目标是消除语言障碍，也必然会导致对口译员需求的减少，但改变社会语言环境是一个漫长而复杂的过程，远远落后于日军在中国各地的迅速扩张。因此，日本占领者的语言政策实际上刺激了口译员职业的出现，即大众化的日语教育和相对应的日语资格和考试，不仅鼓励行动者获得必要的语言技能，而且帮助日本人找到那些有能力成为口译员的人。

许多中国历史学家（如齐红深，2002，2005；王野平，1989；余子侠、宋恩荣，2005）对日本军队的语言政策进行了研究，这种政策通常被称作"奴化教育"，这是日本人在沦陷区开展的殖民教育中的一个重要组成部分。这一政策对于我本人在研究当地培训的

第四章 为敌军做口译：通敌口译员与日军

口译员时非常重要，因为它不仅仅是日军解决占领区交流问题一个很实用的策略，也是使日语在这些地区的官方地位合法化的工具。这种合法化是为了抹除当地中国居民原有的母语认同，建立一种受日本控制的新局面。1927 年，南满洲铁路株式会社学校（South Manchuria Railway Society School）的日本校长在下面这段话中清楚地阐述了这种倾向：[①]

> 我们首先要从语言方面来打破障碍。教中国学生学日语，让他们成为中介人去影响他们的家庭，这样他们对日本的仇恨就会减少，在情感上更接近日本人民，从而开始欣赏日本。这可以先从大连到南满铁路控制的地区进行，再扩展到整个中国北方。对日本在中国北方的利益而言，其相应的好处将是巨大的。（顾明义、张德良，1991：488）

为什么要强调语言是突破这些障碍的第一步？如果这一语言政策旨在改变中国人对日本人的态度，它对通过这种教育获得语言资本的口译员有什么影响？根据布迪厄（Bourdieu 1991: 45）的观点，一个政治单位总是希望将一种官方语言合法化，并将其强加给某一地区的民众，也就是说，这种愿望"与国家有着密切的联系，无论

[①] 南满洲铁路株式会社（简称"满铁"，1907—1945 年）是满洲地区的一个日本殖民机构，第一任理事为冈松叁太郎（Santaro Okamatsu），他在其著作《南满洲铁路株式会社之性质》恰如其分地描述了这个会社："满铁是由国家发起提议而创建的官办公司，由它出面代理国家经营满洲的责任，国家则把创办及经营会社看成执行国家政务的一部分，会社实际上是国家的一个机关。"

是在它的起源上还是在它的社会用途上"。因此，这种强加和合法化是确保并区分语言使用者在国家政治主导地位的一种方式。尽管由于战时形势的原因，日军强制占领区人民使用日文与其说是布迪厄意义上的民族认同创建过程，不如说是一种政治策略，通过这种策略，日本侵略者形成了一种语言惯习，这种惯习将引导行动者对语言的社会用途和语言市场的看法，在这种市场中，他们的语言资本受到重视（Bourdieu 1991：52—57）。

教育，尤其是语言教育，对日本培育有利于其军事占领和政治统治的语言惯习发挥了关键作用。例如，日本赞助的华北省政府文教厅曾发布官方公告《关于在学校教育彻底普及日语之建议》，其中提出了九项指导方针，以促进课堂和当地社区的日语教学及指导。作为其第一个指导方针，这项工作明确指出，除了教授语言技能外，教师还应"帮助学生了解日本的精神以及日本的习俗和传统，因为教学的重点应是促进满洲和日本的共同发展"（武强，1993：29—30）。

日本侵略者对中国学生语言惯习的培养和灌输也体现在他们强调日语是沦陷区中小学唯一的官方语言（齐红深，2005：49）。不仅制定了新的日语教科书并分发给沦陷区的各所学校，而且指派日本顾问对教授日语的中国教师进行筛选、再培训和监督（吴洪成、丁昭，2008：86—91）。例如，在日本扶持的南京政府控制的地区，所有小学教师必须通过政治考试并接受一个月的培训，然后才能担任教师职务，之后必须定期参加政治考试，以证明他们的"政治忠诚"（吴洪成、丁昭，2008：86—91）。对中小学教师资格的重视反映了日本在向沦陷区中小学生灌输日本知识方面的兴趣，这让人想起了布迪厄的观点：行动者早期的家庭环境和教育经历在他们惯习的形成过程中至关重要。乔治·泰勒（George E. Taylor）的《日本在华北扶持的政权》（1980）也提出了类似的论点，分析了日本军队热衷于通过小学和中学教育操纵和同化的中国人群体。也就是说，不要把注意力放在那些已经开始接受大学教育的人身上〔他们已经形成了对日本和战争的基本认识，即使再教育之后也不可能对日本人忠诚（Taylor，1980：79—80）〕，日本人认为中小学生是比较容易塑造和灌输的理想人选。

在中小学强调日语教育的一个直接结果是产生了口译员职位的潜在候选人。在这一强制性的日本教育体系中，日语水平是衡量学习成绩的一个决定性指标：为了不断进步和毕业，学生必须通过考试来证明自己的日语知识。齐红深（2005：119）战时"奴化教育"口述史专题访谈对象徐德元承认，从小学到中学，经过10年的日语学习，学生们无论愿意与否都学会了日语。更重要的是，为了鼓励中国学生和中国公众学习日语，日本侵略者创造了一套日语水平测试制度，一方面对日语知识掌握很好的人进行表彰和奖励；另一方面对优渥职位设置"门槛"。因此，日语成为人们寻找好工作和体面工资的必要资本，从而将这种教育体系（或语言市场）与劳动力市场直接联系起来。

齐红深（2005：142）项目的另一位受访者周铎也认为，在接受日本控制的六年教育之后，他对中国历史知之甚少，不理解"奴役"和"殖民地"这两个词，对自己的中国文化身份也不太了解。因此，他决定申请当地最好的日本高中，这不仅是因为这所高中的学生有机会去日本深造，而且因为那里的学生日语说得很好：

从他们口中讲出来的日本话,真叫一般人望尘莫及、垂涎三尺。你不知道当时会讲日本话的人该多么吃香。能流利地讲日本话的人不说是凤毛麟角,也确实没有多少。当时谁要会讲日本话,就可以毫不费力地找到一份称心如意的洋差事干干。(齐红深,2005:142)

周铎的话生动地描绘了沦陷区的语言市场,同时也解释了他在日本赞助的一所公立高中学习日语的动机。正如布迪厄(Bourdieu 1991:49)观察到的那样,教育系统可以通过增加或减少劳动力市场中某些表达方式的价值,来帮助强制使用合法语言。尽管日本的军事占领可能影响了人们对这一价值观的认知以及汉语和日语的地位,但是通过教育建立起来的语言等级制度无疑会影响劳动力市场,从而使那些具有占统治地位语言能力优势的人获得更好的职位和更多的利益。同时,这种情况将刺激语言市场认识到占统治地位语言的优势并调整其再生产(Bourdieu 1991:49)。

事实上,日本占领的现实和对日语教育的鼓励确实激发了中国公众学习日语的兴趣。例如,在1938年年底之前,上海只开设了15个日语班,大多数是附中,只有14名教师和2763名学生(余子侠、宋恩荣,2005:235)。然而,根据日本扶持的南京政府教育部门的调查,到1943年,上海的日语专业学校增加到58所,有白天和晚上的课程可供选择。[①] 此外,在沦陷区,日语能力评估系统越来

---

① 《上海特别市教育局:教育部印发各省市日语学校概况调查表》,1943年3月,SA R04-01-370。

越普及，因为许多政府当局和公共机构都用它来评估员工的日语能力。因此，对许多中国人来说，参加这项考试成为获得高薪职位或保住现有工作的一种方式。

日语学习者人数众多，这明显减轻了日本侵略者招聘翻译的难度。事实上，培训往往被直接忽略，因为只要通过广告和测试就可以在当地找到具备足够日语技能的口译员。例如，青岛市政府于1944年4月初公开招聘翻译职位，[①] 然后进行笔试（70%）和口试（30%）。笔试部分测试口译员的汉语（20%）、日语（20%）、笔译（汉语/日语）（20%）和数学（10%），而口试部分包括口译（双向）和用日语回答问题。获得该职位资格的最低分数为80分（满分为100分），进入候选名单的最低分数为60分（满分为100分）。

两个月后，也就是6月1日，招录结果公布于众。五名口译员已正式受聘，并被分配到不同的政府部门工作，另有四名口译员被通知已列入即将上任职位的候补名单。[②] 还有四个部门接到通知说，他们正在等待即将到来的职位。正如预期的那样，当时雇用的几乎所有口译员都是当地日语学校的毕业生。不可否认，不同地区的情况可能有所不同，青岛因为自20世纪初以来一直受到日军的影响，并且抗战开始后正式被日军占领，所以青岛的日语教育成熟、稳定。然而，这些在沦陷区本地培训出来的口译员与20世纪40年代如饥

---

① 《关于录用办事员通译员的布告》，1944年4月10日，QMA B0031-001-00171-0127。
② 《青岛特别市政府录取办事员通译员榜示》，1944年6月6日，QMA B0031-001-00031-0082。

似渴学习俄语，却又苦于找不到机会一展身手的延安口译员形成了有趣的对比（见第三章）。尽管这两个群体处在政治利益相互冲突的不同场域，但他们却表现出相似的倾向，即都想得到有价值的资本和体面的职位。更重要的是，对于这些在当地接受过培训的口译员来说，口译更可能是日本主导的权力阶层向上流动的一种策略，而不仅仅是一种职业选择。正如齐红深（2005：142）的第二位受访者周铎所指出的，这不仅是一份"令人满意的工作"，而且是一个"与外国人（日本人）共事"的机会。这一评论表明，口译员与其服务对象（本案例中的日本人）的接触可能涉及利害关系，这反过来又引出了下一部分的主题——口译员的表现。

4.3 口译员的表现

如前所述，讨论中的口译员是中国通敌者的一个特殊群体。无论他们的直接雇主是中国通敌者还是日本军队，这些口译员肯定是通敌者群体的一部分，并对与日本人勾结有着不可推卸的责任。同时，考虑到口译工作的性质，口译员经常与日本军队在一起，因此代表了一种具体化的协作关系。例如，第 4.2.1 节讨论的法庭口译员便是如此。他们必须每天与日本宪兵队打交道，这是一个代表侵略者权力的机构。因此，这些口译员本身就成为傀儡政府与外国侵略者合作的纽带。

这类型的口译员通常有两个极端。一方面，口译员可以是一个非常强大的职位，因为口译员在促进或阻止当地居民与日军之间的交流方面发挥着关键作用。日军越是依赖口译员，口译员的力量就越大。特别是当口译员承担除语言保障以外的其他职责时，其有更多的机会操纵双方，来为自己谋利益。这种情况有点类似于帕尔默（Palmer, 2007）模式，即口译员作为"调停人"，在伊拉克战争期间，当地的伊拉克口译员帮助西方记者安排采访，进入到本土社交网络，获取各种资源（见第一章）。但是，这里有一个重要区别：中国的汉奸口译员必须处理外国侵略者与当地抵抗力量和平民之间的极端关系。这些口译员目睹了战争的残酷和不确定性，以及战争给平民带来的伤害，他们当中有些人会在冲突中发挥更积极的缓冲作用，为当地中国民众提供了一定的保护。然而，也有一些口译员试图利用他们与日本军队的关系来获取个人利益。

另一方面，这些被视为"汉奸"的口译员虽然势力强大，但由于中国人民对日本侵略者的敌视和仇恨，他们很容易成为报复的对象。这种人身危险对于在日军服役，或在日军统治相对薄弱、经常受到中国军队袭击的地区工作的口译员来说尤其真实。这种情况与克罗宁（Cronin, 2006）的例子相呼应，即伊拉克口译员必须戴上面罩，以防当地民众认出他们。因此，考虑到这两种可能的后果，接下来的章节将探讨口译员在口译实践中的具体表现，以及他们所采取的相应策略，重点分析了两个有趣的现象：假冒口译员和双重间谍口译员。

4.3.1 冒牌口译员

目前，北京市档案馆共有447711份民国时期（1911年至1915年）的档案，这些档案都是数字化的，可以通过网络进行在线目录检索。2008年时以"翻译"（指口译员或笔译员）或"通译"（从日语直译过来，指日军占领区的口译员）为关键词，以1938—1945年日军占领北京为时空范围进行检索，得到33条结果。令人惊讶的是，在这 33 份档案中，有 20 份（近 2/3）是冒牌口译员的犯罪记录，他们不论是否懂日语，都假装是在为日本人工作，以此来敲诈当地中国居民。这些假冒的口译员在诸如个人住所、商店、餐馆，甚至妓院和大学等地方尝试运气。尽管他们具体的敲诈目的因案件而异，如金钱、鸦片、服饰、手表，甚至是女人，但他们的惯常做法都是通过声称自己是日军翻译来施加压力，并威胁受害者说如果不满足他们的要求，就会带来严重后果。作为他们诡计的一部分，这些人还伪造了与口译员身份相关的一些东西，包括译员制服、名片，甚至日本口音。[1] 官方记录中的假冒口译员案件比例如此之高，而且只有在犯罪者勒索成功后才报告这一情况，更清楚地表明，当地民众很是慑服于汉奸口译员的权力，即使在口译活动之外，在没有口译活动或其他相关方（即日本军队）的情况下也是如此。那么，民众为什么会慑服于口译员的权力，而这些假冒的口译员又是如何让当地人相信这种威权的呢？以下几段分析了在北京沦陷区发生的三起冒牌口译员案件，也许能为这些问题提供一些答案。

在第一个案件中，郭瑞（家住京郊老鼓街）报告说，他被两个陌生人敲诈，其中一个自称是日本人的口译员。[2] 经过调查，警方逮捕了赵松岩，赵在案件报案后第二天回来向郭索要更多的钱。在

---

[1]《日本宪兵队关于提回李佳英等冒充日翻译的呈》，1938 年 6 月，BMA J 181-26-2995（395-26-1）；《北京特别市公署警察局特务科关于姜雨河冒充日宪兵队通译等向商民诈财一案给警法科的公函》，1944 年 5 月，BMA J 181-26-6085（598-51-6）；《北平市特务科关于吴子秀等人冒充宪兵队翻译起意诈财的呈》，1941 年 5 月 12 日，BMA J 181-26-4652（1-11-22-10）。

[2]《呈解伙同诈财犯赵松岩等二名一案请》，1942 年 8 月，BMA J181-26-5200。

第四章 为敌军做口译：通敌口译员与日军

警察局，赵供述，他是东华门外大街北京营山分局的一名办事员，同时在朝阳门内大街华北交通学会警察局的一个中央情报组任职，与他同住一条胡同的谢占奎是他的同伙。由于经济困难，他们编造了郭为中共八路军私藏枪支并向他们提供物资的案件。赵伪装成平谷县日本人的口译员，向郭索要钱财以保守秘密，起先要价6000元。谢随后充当调解人，劝说郭满足赵的要求。在两个不同的场合，他俩从郭那里拿到了200元，并平分。19日晚，赵又来找郭。他殴打郭并索要1000元，要求第二天晚上8点之前拿到钱，但在这个时间点前，他就被抓了。①

有趣的是，在这两个同伙的眼中，口译员的地位不仅强大而且有利可图。赵、谢二人敏锐地认识到日本占领军与抗日力量之间的矛盾，巧妙地捏造了一个对郭的危险指控。赵假扮口译员，扮演两个独立的角色。第一次，他假装在为他的雇主，即日军，做调查（并向日军报告）；第二次，通过谢的调解，他展示了他的权力，让整个事件结束，并保护郭及家人免受日军潜在的暴力。然而，郭一家要为他们的安心和安全支付6000元。这两个角色，至少对赵和谢来说，对于一个为日军工作的中国口译员来说是很正常的。敲诈勒索是口译员缓冲作用的对立面，他们的缓冲作用有助于保护普通民众，前面讨论的张口译员案例属于这种情况。事实上，在残酷的战争中，具体的证据对于日军要杀一个人的决定，特别是杀一个普通的中国公民，几乎是毫无必要，他们想杀就杀。然而，日本侵略军最关心

---

① 《北平侦缉队关于赵松岩等二人冒充平谷县翻译诈财的呈》，1942年8月25日，BMA J181-26-5200（581-310-4）。

的是消除任何潜在的抵抗，尤其是在被征服的地区。在这种情况下，鉴于口译员的语言知识，他们确实是一个特殊的群体，因为他们既能获得日本方面也能获得中国方面的信息，并通过他们的口译服务对合作产生潜在影响。赵、谢二人认为他们可以摆平对郭的指控，并借口赵是日军口译员而索要钱财。这个事实说明中国民众已经感受到了沦陷区口译员的威慑力量。

这个犯罪场景如此让人触目惊心，还在于还有一个关键方的完全缺席，即日本军队，因此也没有任何源语的输入。尽管如此，即使提议的妥协是由调解人谢占奎间接发起的，而口译员仍然是重要人物，一方面假装代表他的雇主（日军）的利益；另一方面又表示愿意帮助他的同胞（视条件而定）。谢的调解也很有趣，他不仅帮助对郭施加了更大的压力，而且通过抬高赵的地位和权力，拉开赵与郭之间的距离，使郭对赵更加敬畏。并不是说郭家被迫支付的200元在1942年的北京是一个很大的数额，大概就是一个文员一两个月的工资。[①] 但郭实际同意支付，并且直到赵、谢两人使用暴力勒索更多钱财时才报案，这在一定程度上表明了他对口译员权力的承认。换言之，他最初准备屈服于任何看起来比较实际还能接受的要求，即使对他的指控是捏造的。然而，尽管赵和谢似乎做得天衣无缝，他们的行为还是很快引起了怀疑，警方随即介入。相比之下，下面第二个案例更能说明冒牌口译员能走多远。

---

① 1941年10月在上海，国际组织中的中国译员和编辑的月薪是145元，同时期中学女教师的月薪是45元。参阅《上海华籍职员家庭生活状况研究》，SMA U1-10-801。

第四章 为敌军做口译：通敌口译员与日军

第二起案件中，位于北京东四北大街的富士商店报告说，该店遭到自称是日本宪兵队口译员的敲诈。[①] 犯罪嫌疑人白兆祥在几天后最终被北京警方逮捕，他承认自己假冒日本宪兵队的口译员杨某，以给日本人买大米为借口，从富士商店勒索到400元钱和一辆自行车。据警方通报，白某以类似的方式骗取了几家店铺（其中景生源粮店300元、巨星旗蛋糕店450元、横店钟表店2块手表、元生勇粮店300元、谢生祥店一套西装和布料、何记鸦片店5两鸦片等）。

事实上，根据警方的记录，之前某年8月，白某曾因类似罪行被捕并被判刑入狱，但次年4月被保释出狱。显然，白很清楚地认识到了沦陷区口译员身份的价值，并尽可能地加以利用。尽管他从金钱、手表、衣服到鸦片的收获相对较少，但他的敲诈频繁得逞反映了当时中国公众尤其是小商人的普遍看法，即在北京沦陷区，口译员可以因为他们的语言能力和与日军的联系而操纵一些场面。这种看法可能解释了为什么大多数被白某敲诈的人似乎都慑服于他的口译员身份：实际上只有一家商店起了疑心，并"不辞辛苦"地举报了冒牌口译员。这种集体认知在一定程度上让白某有恃无恐，反复利用冒牌口译员的身份进行敲诈勒索。尽管他从这一勾当中获得的东西对今天的口译员来说似乎并不起眼，但考虑到战争期间物资的匮乏和沦陷区谋生的艰难，他的诡计带来的物质利益还是相当可观的。如果这两个案例反映了冒牌口译员在本地社区为了自己切身利益而使用的仅仅一小部分伎俩，那

---

① 《呈解侦获屡次冒充宪兵队翻译向各商索取财物匪犯白兆祥一名请予讯函一案由》，BMA J181-2-1623。

么下面的第三个案例则呈现了一个稍微不同的视角,告诉我们真正的口译员对公众能产生多大的影响。

在这第三个案例中,位于北京的中国大学报告说,有人自称是日本古和部队(the Japanese Guhe Troop)的口译员,曾多次来到该校,并与几名学生进行了个别谈话。① 这种所谓的口译员行为使许多学生感到不安,引起了校方的怀疑。几天后,警方发现并逮捕了这个可疑的人——杨河。在对杨河和其他相关人员,包括杨河接触的学生进行询问后,警方得知杨河确实曾在古和部队服役,但最近已退出部队。他冒充古和部队的口译员,是为了接近并追求中国大学的学生方济小姐。据方小姐介绍,杨河走近她时,身穿军绿色制服,佩戴有古和部队标志的臂章。他很认真地告诉她,一个姓张的北京大学学生在承认自己是共产党员后,被古和部队逮捕并殴打致死。死之前,他承认认识方小姐和另一个中国大学的学生,因此杨想亲自到南池子北门找她聊一聊。方最后没有去见杨。于是杨在大学注册了课程,并以"日军口译员"的身份联系了方的几个同学获取信息,以便追求她。

杨的案子在两个方面特别有意思:第一,他对物质利益不感兴趣,而是对和那个女人方小姐的关系感兴趣。他选择口译员的身份接近方和她的同班同学,一方面希望自己的身份能给他们留下深刻印象;另一方面又用自己的"口译员权力"把方推向自己。正如该大学报告中所记录的那样,许多学生确实感受到了接受日军口译员

---

① 《为查获杨贺冒充日本部队翻译扰乱中国大学恐吓男女学生等情一案解请讯办由》,BMA J181-26-6204。

问话的不寻常压力。这意味着，除了小商人和普通市民外，受过高等教育的年轻人在生活中也可能受到口译员的影响。第二，杨确实有在日军服役的经历，尽管不清楚他是否是口译员。然而，杨有这些行为，表面上看来是出于他对公众心目中口译员形象认知的一种洞察，以及利用口译员身份在身体上的表达。据方济小姐亲身观察，杨走近时，身穿军绿色制服，戴着军徽，用严肃的语气，一开始就提出了有关惩治抗日势力的话题，暗示自己与日军的关系不一般以及整个问题潜在的严重后果。

事实上，杨并不是唯一试图用与译员身份有关的象征性事物吓唬公众的人。在20起假冒口译员的案件中，有些人试图伪造带有口译员头衔的名片或日本宪兵队的授权证书，还有些人吹嘘自己认识某些日本军官，甚至说几句日语来给人留下精通日语的印象。[①] 无论采取何种策略，他们的共同目标都是要让当地居民相信他们是口译员，尤其是日本宪兵队的口译员。对这种联系的强调很重要，因为宪兵在涉及沦陷区社会保障问题上拥有很高的权威，因此他们的口译员可能被认为比其他一般人更有权力。于是许多冒牌口译员，在威胁本地民众时，都会自觉不自觉地使用这样的条件句："如果你……我就通报日本宪兵队你在……"换言之，这些冒牌口译员所有的伪装和模仿，都是基于当地中国人对（真实）口译员地位的慑服，或者用布迪厄的话说，是基于象征资本。

这三个案例显示，大多数当地中国人没有冒着得罪真正口译员

---

① BMAJ 181-26-2995（395-26-1），BMA J181-26-6085（598-51-6），BMA J181-26-4652（1-11-22-10）。

进而引起不必要麻烦的风险，也就没有立即报告他们的受害情况，而是选择容忍，除非万不得已。公众的这种容忍无疑为假冒口译员提供了机会，但也意味着中国公众认为，通敌口译员具有一定的操纵力，如果他们愿意，可以对日本人施加一定的影响。存在这种看法的原因是他们看到口译员与日本人在一起共事，当然也与中国社会根深蒂固的关系文化有关。诚然，这些案件中涉及的所有"口译员"都是假冒的，因此，要得出结论说真正的口译员在战争期间，可能从当地民众那里得到类似甚至更大的好处，这是不够令人信服的，本研究也无意这样做。然而，这些假冒口译员确实有助于我们理解真正口译员在中国民众心目中的形象，并且也因为他们身处口译现场而突显了其身体力行的职业特征。我们将在下一节中看到，由于公众对口译员与日本人的勾结有看法，许多口译员被中国抗日力量和民众视为汉奸。

4.3.2 口译员的越界策略

问：你去抓过人民没有？

答：我出去抓人均是随同宪兵去的，我自己私人没有抓过人。

问：所带来的人犯审问是你审问吗？

答：审问案犯是由日本宪兵班长以上人员来审问的，我做翻译。

问：审讯时拷打人是由谁来打呢？

答：是宪兵队自己拷打，我没打过人犯。

问：该宪兵队打死的中国人犯有多达数？

答：打死病死的大概有三十多人，再那里的拘所一件小屋多者

第四章 为敌军做口译：通敌口译员与日军

拘押五十余人各，最易使人犯染病。①

如果假冒口译员的案例反映了公众默认了通敌口译员的权力，那么本节将展示这种默认如何让真正的口译员受到人身威胁，自身难保，无论他们是否为自己的利益而使用了这种权力。上面引用的这段对话是北京市档案馆保存的白天瑞案件审讯记录的一部分。②战争结束时，北京当地的中国居民举报说白天瑞是汉奸。据说战争期间他是山西凤阳县日本宪兵队的口译员。据记者了解，白天瑞"无恶不作，并逮捕国民党工作人员中的爱国青年及基督教徒牧师等加以暴刑残杀"。有意思的是，抗战后北京市民举报了他早先在几千英里之外的山西省的通敌口译活动，远在山西的证人提供了证据。尽管白天瑞试图否认这些指控，反复申诉他只为日本人做些口译工作，但公众认为口译员助纣为虐，帮助日本军队控制当地的中国民众。对白天瑞的这些指控表明，口译员通过与日本军队的密切勾结，显然不仅实际体现了这种权力关系，而且也因为他们的在场，成了日本军队暴力和统治的一部分，使得自己的人身安全受到了威胁。

然而，白天瑞的案件只是展示了战后中国人民通过法律程序惩罚汉奸卖国贼的例证。在战争期间，为日军做翻译则是一项更危险的工作。除了暴露在日军和中国军队之间的冲突之外，这些汉奸口译员还必须面对各种抗日力量，特别是当地共产党游击队

---

① 引用的语句中有一些病句，为保持档案记录原样，对这些病句不做修改。——译者注
② 《呈为牛新业检举鲜人白天瑞前在山西汾阳县敌日本宪兵队任通译时残杀同胞一案解请讯办由》，1946年，BMA J181-26-2420。

143

和国民党情报特工带给他们的可能袭击和死亡威胁。这种情况在日军不完全控制的地区尤其严重，这些地区经常受到中国抗日力量的袭击。白天瑞至少幸运地在战争中幸存了下来，但另一位口译员朱时清却没有这么幸运。此人是上海附近一个地方伪政府的口译员。1938年12月10日，他在上海出差时失踪，随后得知是被中国抗日游击队逮捕了。①

显然，尽管口译员享有暂时的安全和权力，但他们却被夹在对立的两极之间。一方面，为了在日军的暴力中生存，为了在占领时期谋生，他们必须为日本人做口译；另一方面，为日本人做口译可能意味着被抗日军队当作叛徒处死。因此，一些口译员选择了一种妥协，在战争期间充当敌对双方的双重间谍。也就是说，除了为日本人做口译外，他们还试图保护当地的中国居民，尽可能地协助中国军队，以换取自己的安全和长远利益。这一戏剧性在被俘口译员张和臣的案例中得到了很好诠释。审讯时他说的话在4.1部分有汇报。在审问中，张和臣透露，他在为日军做翻译时，曾经说服日本人，说中国游击队只是平民，从而挽救了一些被俘的中国游击队员的性命。为了强调他对祖国不变的忠诚，他补充说："我是中国人。如果我的国家完蛋了，我们不都是外国的奴隶了吗？如果你不相信我，就去问当地的游击队吧……我非常努力地说服日军把他们两个（被俘的游击队）都放了。如果我愿意做一个汉奸，我为什么要这

---

① 《为呈报属会通译朱士清失踪由》，SMA R18-1-229。

第四章 为敌军做口译：通敌口译员与日军

么做？"[①] 张所说的这句话特别有意思，因为这个问题也可以理解为"我这样做是因为我不想成为一个汉奸"。

换言之，据口译员自己说，他在被捕前就下定决心，即使被迫为日本人服务，他也会帮助中国人。这也可能是真的，口译员只是想通过强调他对中国方面的贡献来尽量减少对他是汉奸的指控。他记得两个游击队员的名字，并在交代期间重复这两个名字，这清楚地表明，他甚至可能预见到了他为日军服务的后果，并可能预料到他对中国人的秘密援助可以帮助他避免被当作一个绝对的汉奸而被指控和处决。在相互竞争和重合的场域内，口译员的越界成为一种自我保护策略。

尽管口译员的理由和策略各不相同，但他们确实在占领期间为中国民众提供了缓冲，保护当地居民和中国军队免受不必要的生命和财产损失。例如，在最近一个关于抗战时期日军占领山西省的口述历史项目中，出现了中国村民对一位姓苏的中国翻译的两段回忆：

> 如果你被发现并怀疑是八路军的间谍，你将被（日军）活埋。但如果你遇到苏翻译，他会问你原因，然后放你走。如果八路军有人被抓，苏翻译会设法把他救出来。解放的时候，共产党没有杀苏翻译，而是派他去农场喂牛。
>
> ……翻译官是个好人，非常好的人。他很有礼貌，对人也很好……（苏翻译当时有没有保护很多人？）苏翻译说，如果你有

---

① 《第六战区官部审讯敌翻译张和臣口供笔录》，NHA 787-17362-0790（16J-0823，0790-0796）。

证据被抓，（他）就不能为你辩护；但如果没有对你不利的证据，只有怀疑你是共产主义者，（他）可以保证你会没事。（张成德、苏丽萍，2005：156—157）

据村民介绍，苏翻译的全名是苏昆。他有大学学历，曾在国民党中央军服役，但被日军俘虏。因为懂日语，他成了一名口译员。显然，在村民眼中，苏翻译根本不是叛徒，而是"一个非常好的翻译官"（张成德、苏丽萍，2005：157）。一方面，由于被俘士兵被迫做翻译的经历，他获得了村民的同情；另一方面，他在日占时期为村民提供了安全保障，赢得了敬佩和尊重。具体来说，他救了村民，使他们免于被活埋，保护了疑似共产党间谍的安全。虽然不知道日本侵略者是如何看待这个做口译的，但在他为日军服务的那些年里，他似乎说服了中国村民，他可以在许多情况下进行干预，并希望尽可能地帮助他们。因此，战争结束时，苏翻译因为他在战时营救共产党员和中国村民而没有被杀。然而，他确实因为为日本人服务而受到了一些惩罚：被送到一个农场去养牛。

被俘口译员张和臣和苏昆这两个例子，给我们提供了不同的视角——战时口译员是普通人，而不是军官或专业人士。由于他们掌握日语，他们在权力关系冲突的场域中被定位为口译员，在他们为生存而挣扎时，不得不经常跨越军事和政治的边界。在他们的案例中，口译不仅是一种交流手段，更具体地说，是一种掩藏某些信息去误导一方而保护另一方的手段。作为双重间谍，这些口译员在一定程度上调和了不相容的利益，也从长远上保护了自己。毕竟，占领区的每个人都明白，生活必须继续，战争即便不会马上结束，但总会有结束的一天。尽管从口译员职业守则来看，这些口译员的越界策略可能根本不符合职业道德或规范，但它提供了一个有趣的视角，展现在复杂的政治和军事冲突局势中，个体行动者——而不仅仅是他们自己——如何理解和使用口译来谋求生存。

4.4 结论

本章分析了在抗日战争期间中国口译员如何与日军勾结，为其提供口译服务，尽管他们知道自己与日军的关系可能导致中国民众鄙视他们为叛徒。这种通敌口译不仅是在暴力时代对物质生存的妥协，而且是他们在不断变化的场域中积极调整立场，在新出现的权力体系中为个人利益而斗争。

在沦陷区，当地人认为中日口译员的职业既强大又有利可图。之所以会有这种看法，不仅是因为很多人通过学习日语来谋求口译员的职位，还因为这种学习为另一些人提供了伪装成日本人的口译员为自己谋取物质利益的机会。另外，口译员也是一项危险的工作，因为它使口译员的生存成为一个更加复杂而持久的问题，他们还必须承担与敌人勾结以及失去文化认同和资本所带来的各种后果。因此，许多口译员选择秘密地在不同场域灵活调整自己的位置，频繁跨越军事和政治边界，以寻求长久的安全和利益。在一定程度上，这些译员的不同定位起到了缓冲作用，保护了当地中国居民免受暴力侵害，在日军占领地区帮助维持社会秩序，尽管他们代理作用的范围或程度因个人和情形等因素而有所不同，如社会技能、个性和在当地权力等级中的地位。下一章将讨论最后一个问题，即两名口译员的个案研究，他们分别为国民党政府和日军效劳。

第五章
两位口译员：夏文运与严嘉瑞的个案研究

第五章 两位口译员：夏文运与严嘉瑞的个案研究

在前几章中，我们分别讨论了服务不同政治力量（包含日本人、国民党政府和中国共产党）的口译者，他们大多数确实是由某一方直接培训和招募的，这种划分虽然看起来合理方便，但也存在问题（见第一章）。第一，仅仅某一方的情况不能完整地反映口译员工作的全貌。毕竟口译是双向的活动，战时口译员往往会卷入复杂的权力关系中。第二，口译员在某一个政治阵营效力并不意味着他只会为这一方阵营工作。相反，他们可能同时为两方阵营效力或秘密地为另一方阵营工作。第三，口译员是移动的生物主体，当他们遇到危险或预感到其他地方有利可图时，他们能够随时逐利换边服务。因此，考虑到那些在政治阵营或地理范围边界之外工作的口译员与那些在某一政治阵营框架内部工作的口译员之间的差异是非常重要的。

正如理查德·詹金斯（Jenkins，1992:90）所指出的那样，惯习和场域并不一定是一种持续的再生关系。也就是说，在一个场域中成长起来的主体，"当成熟并成年后"，会遇到另一个场域。因此，新的惯习和资本可以通过译员跨场域的口译活动输入到另一个场域，从而联结和塑造不同的场域。实际上，主体在不同场域内的定位和跨场域的移动是布尔迪厄社会空间概念的核心思想。社会空间是一个包含多个场域的多维空间，在每个场域内部以及各个场域之间都有不同的等级体系。一方面,布迪厄(Bourdieu,1991:230)认为社会空间是"一个力量场",不同力量关系在其间向主体施加影响;另一方面,社会空间也是一个主体相互竞争、争夺资源和地位的社会竞技场。主体间的竞争和争斗决定了社会空间无论是在一个场域内,还是在不同场域间的相互关系中从来不是静止的,而是不断变化的。例如,布迪厄(Bourdieu,2004/2001:vii)指出,21世纪之交的科学场域日益受到"外部经济利益"和"内部诋毁"的影响和威胁,甚至干预了该场域惯习的再生产。换句话说,其他场域的资本可能会干预该场域以前的价值体系和结构,并最终转变其再生产过程。作为资本和惯习的载体,个人主体——在这种情况下即个体口译员——在这一转变过程中发挥了重要的作用。

本章以夏文运和严嘉瑞两位口译员为个案,探讨口译员在社会空间中的定位及其相应的策略。本章特别突出了口译员在转变和建构场域方面的潜在作用,以及通过培训和其他教育渠道强加给口译员的意识形态束缚。总的来说,本案例研究的目的是深入分析抗日战争时期的个体口译员以及他们的口译实践。因此,这一章提供了更加详细和具体的信息,以补充和明确前几章更加注重量化数据以及特定机构的群体口译员而非个体口译员的内容。第一个案例研究的夏文运是一名日语口译员,曾在战时为日本军队服务,同时也秘密与国民党合作。第二个案例研究的口译员严嘉瑞已在第二章中提及(在2.3部分),他是国民党政府在与美国军事合作期间培训的军队译员之一。

第五章 两位口译员：夏文运与严嘉瑞的个案研究

5.1 夏文运：作为双重间谍的口译员
5.1.1 夏文运小传

我选择夏文运作为第一个案例的主角，部分原因是他是第四章讨论过的日本归国留学生口译员之一，还有部分原因是他在日本军队和国民党政府之间高层政治谈判中的双重间谍身份。为了让读者清楚地了解夏文运的人生轨迹（1906—1978），表 5.1 根据三方面的信息源绘制了一份年表：夏文运自己的回忆录（1999/1967，2000/1967）、《黄尘万丈：日本侵华秘录》、《李宗仁回忆录》①（General Li Zongren 1979——李宗仁是夏文运为国民党服务的重要证人），以及一些中国新闻记者的调查（王天明、文俊，2005），包括他们对夏文运的女儿和其他目击者的采访。表 5.1 根据夏文运在战前和战中的行踪分为两部分（在日本和在中国）。他在中国的活动由两部分组成（A 和 B），重点是他为日本军队服务以及他与中国国民政府的秘密接触（即他在两个场域的不同职位）。鉴于他的很多活动都是交织在一起的，例如，他为日本人的口译工作和他为国民政府的情报收集工作，所以三列之间的空白强调了他的口译工作与政治调解之间的模糊界限。尽管这个时间表只粗略地描述了夏的教育以及社会和政治经历，但他与日本的联系，无论是在文化、社会还是政治方面，都是显而易见的。

尽管有关夏的家庭背景信息很少，但众所周知他是在大连出生和长大的。这个成长地点非常重要，因为大连早在 1905 年就在日俄

---

① 唐德刚在回忆录中被列为合著者，因为他是采访李将军并起草和翻译该文件的人。

战争后受日本实际控制。换句话说，夏出生且成长于受日本实际控制的大连，并在此接受了中小学教育。在他上过的中学中，南津书院那段经历对他日后生活影响极大。他的老师陆元山后来成为1932年日本扶持成立的伪满州军部的首席秘书。陆元山后来推荐夏到军部工作，这也成为夏为日军服务的转折点。在旅顺师范学院学习了六年之后，夏获得了日本出资的南满铁路公司的全额奖学金到日本学习。

夏于1925年至1931年间就读于日本两所著名学校：广岛高等师范学校和京都帝国大学，分别主修历史、法律和文学。根据其出版的回忆录（夏文运，1999/1967：1，77），在此期间，夏还尝试了将日本文学著作译为中文，译著有厨川白村（Kuriyagawa Hakuson）1923年的小说《走向十字街头》，以及其他几本菊池宽（Kikuchi Kan）和有岛武郎（Arishima Takeō）的小说。他在上海出版的译著，据他回忆被中国读者广泛接受（夏文运，1999/1967：1，77）。但是，他没有再继续他的文学翻译。夏于1931年从东京帝国大学毕业之前，就离开日本到东北冯庸大学任教。他不只教授课程，还担任该校校长兼资助人冯庸的助理。

短短不到一年时间，随着"九一八"事变发生，战争爆发，夏因日军关闭大学而失业。但是，他在返日参加毕业典礼途中认识的一名日本军官的推荐下，很快在伪满洲人力资源部门中找到了工作。然而，他在该部门的文书工作也只持续了很短时间，因为他曾经的老师陆元山推荐他担任日本扶持的伪满洲政府军部负责人的秘书，享受上校军衔待遇。正如前文所述，这个职位对夏来说是一个转折点，因为他开始担任部门负责人并处理伪满州有关事务的日本军官

第五章 两位口译员：夏文运与严嘉瑞的个案研究

之间的口译工作。更重要的是，他通过口译工作结识的许多日本军官都成为中日之间持续冲突中有影响力的人物，其中包括后来在上海领导日本战时情报机构的和知鹰二（夏文运，1999/1967：1—3）。

1931年到1932年间，和知鹰二担任日驻广东军队的参谋军官。他于1932年被调任至广州，并成为日本驻北京情报机构的负责人。在20世纪30年代，和知是日方寻求与国民党西南派系非官方接触的重要军官之一，一直设法颠覆蒋介石领导的国民党政权（夏文运，1999/1967：2，77）。如表5.1所示，1935年后，夏的大部分口译和政治调解活动都与和知有关。实际上，正是和知在得知夏与国民党西南派系官员——特别是著名的军阀白崇禧的联系后，向军部提出借调夏的请求。当时白崇禧是和知的主要政治工作目标（夏文运，1999/1967：2，77）。有关和知的这次请示，夏文运是这样叙述的：

> 某日，接到过去的旧知"关东军"参谋和知少佐要求会面的通知。见面之后，和知少佐说："此次晋升中佐，调转至广州任驻广东武官，为此想与广东的西南派实力人物白崇禧打交道，不知应采取什么方式联系接洽。"我便答称："有办法。白崇禧的侄子白维义是日本士官学校毕业的，我在日本留学时，与他交往甚密，可以通过他与白崇禧取得联系。""那么，就请您同我一起去广东吧。军政部方面，我可以通过最高顾问多田骏大佐打招呼，暂时将您借调过来好啦。"

1937年，国民党政府对日本正式宣战后，和知再次参与了日本与中国的结束战争谈判。鉴于国民党内派系林立，许多亲日官员和军官都与蒋介石领导的重庆政府不和（夏文运，1999/1967：2，

表 5.1 夏文运的生平年表（1906—1978）

在日本	在中国	
1925 年，在日本人出资的南满铁路公司赞助下，赴广岛高等师范学校学习法律和历史；	1906 年，出生于大连市锦州老虎山大竹家屯；	B. 与国民政府有关的活动
	1913 年，就读于大连市第一公立学校；	1934—1941 年，与李宗仁将军秘密接触，作为国民党第五战区情报局情报人员及日本政府与重庆国民政府的政治调解人。
	1917 年，毕业于南津书院；	
	1919—1925 年，旅顺师范学校。	
1928—1931 年，在京都帝国大学学习日本文学；	A. 与日本人有关的活动	重要情报活动：
1937 年，在东京，被日本军部任命为联络官；	1931 年，在冯庸大学担任讲师，①并担任大学校长冯庸的秘书；	1937 年 12 月，日本第 13 师团军事行动计划；
1940 年 12 月，在东京，陪同和知鹰二将军担任政治调解人；	1932 年，在伪满洲军部担任秘书兼翻译；	1938 年 2 月，日本第 5 师团的军事行动情报；
	1935 年，担任和知鹰二（驻北京日本特务机构负责人）的翻译；	1939 年 4 月，日本在第 5 战区的军事行动计划和战略；
20 世纪 50 年代初，和家人居住在东京，担任东京铁路协会负责人和知鹰二的顾问；	1937 年，担任晋察自治区委员会及天津政府顾问，以及日本驻军参谋和知鹰二的翻译；	1940 年 12 月，一份汪伪政权的军事和政治情报；
	1937—1941 年，担任日本在天津、上海情报部门的联络员，以及和知鹰二的翻译和助理（20 世纪 40 年代初期，日本和国民党政府之间和平谈判的关键人物）；②	1945 年 8 月，与中共组织接触，恢复与李宗仁将军的接触，在日本人民与国民党政府之间进行调解；
从东京铁路协会退休后，在东京经营一家餐馆，逝世于 1978 年。	1942 年，被怀疑为双重间谍，调到山西太原作为日本资助的《新民报》的主编；	1946 年，被国民党政府以叛国罪逮捕，一年后获释，无罪；
	1943—1944 年，在日本扶持的山西省政府担任建筑部门主管；	1949 年，再次被中共上海军事委员会逮捕，但不久后获释，在中共前朋友的帮助下前往日本。
	1945 年春，回到北京，居中调解重庆中国国民政府与汪伪政权。	

① 夏没有提及他在冯庸大学教授什么课程。
② 在此期间，鹰二曾任日本驻上海情报机构负责人、第 44 师团司令、日本第 21 军和中原远征军参谋，以及日本在台湾的参谋长。

77），和知意识到日本可以利用这些冲突来实现与中国的和平谈判。在这个过程中，夏作为译员及联系人，再次以他的语言能力及对中国政治文化的理解，尤其是他在中国官员和政界人士（其中很多在日本接受过教育）之间的关系网，扮演了重要的角色。

在担任和知的口译员期间，夏通过寻找联系人并为和知安排会见的方式扮演了帕尔默所谓的"调停者"角色（已在引言中提及）。据夏描述，除口译外，他还帮助和知在日本官员与国民党政客之间安排了100多次会见，并在其中协助口译。但是，与那些西方记者雇用的不受信任的调停者/口译者不同，夏的主要服务对象和知似乎很看重并尊重他。和知曾经对夏及其口译和调解发表以下评论："夏启为余之秘书、翻译、保镖，有时则是先生。"（夏文运，1999/1967：1，78）显然，夏不是外来者，也不仅是进行语言翻译，而是积极参与了和知的政治工作，并与其建立了密切的个人关系。甚至战后20年，夏注意到并回应了和知的评论，这意味着他不仅知道而且因为他对和知的影响而感到自豪（夏文运，1999/1967：1，78）。有趣的是，相较其翻译和情报工作，夏在回忆录中更多提及的是其政治调停活动，特别是那些通过他与和知鹰二的友谊接触到的国民党政府与日本官员间的高级别政治谈判。

但是，与此同时（1934年前后），正如表5.1第三列显示，夏开始与国民党驻粤军（第5战区）负责人李宗仁将军进行秘密接触。李宗仁是夏为国民党政府提供秘密服务的关键人物，也是和知在政治上的工作目标之一。尽管夏在回忆录中没有提到与李的情报合作，但他一再暗示了他们间的个人关系，特别是在战争结束后李将军让他免受成为叛徒的惩罚。然而，李将军的回忆录表明，这种特殊的"人际关系"更为复杂。据李描述，他与夏的接触始于夏在他与和知之间担任口译工作期间。李曾经邀请夏进行私人谈话，他问夏为什么选择服务于敌人而不是他的祖国。据李回忆，夏当时"泪流满面"，大声疾呼："如果有机会为祖国服务，我毫不犹豫可以为此而死。"（李宗仁、唐德刚，1979：316—317）李随后要求夏在日方担任国民党政府的情报特工，夏立即接受，拒绝了"任何报酬"（李宗仁、唐德刚，1979：317）。然而，夏（1999/1967，2000/1967）在用日语写的回忆录中既没有提到上述李劝说的场面，也没有提及自己袒露肺腑之言。这个被漏掉的细节在一定程度上揭示了夏对自己中国国民身份质疑的自发反应，以及他为日军服务的潜在动机。因此，夏对李情绪化的坦白以及他为澄清和证明其立场所作的努力，应当考虑到李的提问以及李在国民党阵营中崇高的政治和军事地位。也就是说，夏可能已经把李的提问当作对他施压，让他对自己作为一个中国人的所作所为进行辩护，从而不至于失去在中方阵营中的社会资本和文化资本。换句话说，口译者的身份认同可能受外部压力的刺激和塑造。因此，夏接受李的提议成为国民党的特工，并且拒绝任何物质上的利益（李宗仁、唐德刚，1979：317），可能不仅仅是出于他的爱国热情，还与他给自己在未来留下更多选择，并为他现在和将来的工作赢得政治资本和社会资本有关。

无论出于什么动机，从1934年到1941年，夏都信守诺言，并向李提供了宝贵的情报，从而极大地帮助了国民党对日军的军事行动（见表5.1第三栏）。夏在日方的社交网络和口译服务显然使他作为双重间谍的工作更加方便。在日本人的支持下，夏甚至在天津

第五章 两位口译员：夏文运与严嘉瑞的个案研究

建立了一个个人广播电台（后来转移到了上海的法国领事馆）。他在后来的政治调解中用它与日本情报机构和国民党重庆政府进行联络。（夏文运，1999/1967：4，76; 1999：5，78; 2000/1967：2，96; 李宗仁、唐德刚，1979：178）。

正如夏在回忆录中揭示的那样，国民党重庆政府高度重视他对日方调解的影响。除了豪华住宿、美女、鸦片和个人保镖之外，夏还获得了国民党军事和政治首脑蒋介石的称赞和金钱奖励（30万美元）。[①] 夏（1999/1967：6，77）声称，蒋介石曾称赞他为"孤臣孽子用心良苦"。日方对夏向中方泄露情报的怀疑损害了夏在日军中的地位。因此，为避免潜在的危险，夏退出了口译和政治活动，于1942年转移到山西省太原市。在此，他首先成为日本资助的新闻社《新民报》的主编，然后在日本主导的太原市伪政府任建设部部长，直到战争结束。

1945年春，夏从太原回到北京，预见到日本在战争中败局已定，试图通过他与国民党的旧识重新与国民党政府及那些在日求学期间的中国同学建立联系。但是由于中国官员间的政治立场和钩心斗角等因素，这些尝试未能达到预期的效果（夏文运，2000/1967：2，96）。然而，有趣的是，夏在北京时，中国共产党派人接触他，对他与日方的关系表现出兴趣，并请求他提供帮助。例如说服日军向共产党而不是国民党投降以及为共产党获取武器（夏文运，

---

① 根据夏文运（2000:3，93）自己的记述，尽管30万美元在20世纪30年代末算是一笔很大的钱，但是到抗战结束时（1945年），他所有财产的价值只有10万美元。

2000/1967：2，96）。夏注意到共产党在中国政治舞台上权力迅速扩大，并且不想因拒绝共产党的请求而断掉双方联系。夏在回忆录中声称，他感到情况对他来说很困难，尽管当时他不在政治上支持国民党，但是由于国民党对他活动的监视，他无法向共产党提供重大帮助（夏文运，2000/1967：2，96）。但不管怎样，夏都尽力利用他在日本人中的关系网来获取共产党所需要的武器，并安排他的日本朋友与中共干部之间的秘密会议（夏文运，2000/1967：97）。夏的工作再次赢得了共产党的青睐，甚至被要求加入中国共产党。但是，从报纸上得知战争结束，李将军将担任北京的行政和军事主管后，夏决定暂时搁置他加入中国共产党的计划，而打算先与李将军会面。（夏文运，2000/1967：97）

但是，在与李见面之前，夏被北京警方以叛徒的名义逮捕和监禁。李将军兑现了之前的承诺，在得知夏的情况后为他提供了特殊保护。李将军在直接获得蒋介石的许可后进行了干预，声称他本人已经授权并批准了夏的活动，包括夏退出情报工作后为日本主导的太原政府所做的工作。显然，夏多年来为国民党提供的情报工作得到了有力的回报。在李的支持下，夏的83天刑拘结束，重新获得自由（夏文运，2000/1967：2，100）。但是，当国民党在与共产党的内战中失去对中国的控制权并于1949年撤退到台湾时，夏很快失去了保护伞。在共产党控制的上海，夏（2000/1967：3，93）看到越来越多的汉奸被揭发并受到惩罚，压力与日俱增。因此，他试图出售他在上海的房产，并准备移民到日本。与此同时，他也试图与他的共产党朋友之一吴克坚联系，帮助他取道香港前往日本（夏文运，2000/1967：3，93）。①夏在战争中认识了吴，当吴被日本宪兵逮捕并遭受酷刑时，夏进行了调解，并帮助吴脱离了监狱。考虑夏的日语知识及其在日本人中社交网络的潜在用处，吴帮助夏与东北军事委员会中高级国际情报官张若愚联系。张安排了在香港的联络人，协助夏前往日本。作为交换，夏同意担任共产党情报人员并准备在日逗留期间收集情报（夏文运，2000/1967：3，93）。但是，在启程前，夏卷入了与出售他房产有关的法律案件中，并再次被监禁在上海。据夏陈述，他非常担心警察会发现他在战时为日本人服务，情况会因此变得更加复杂（夏文运，2000/1967：3，93）。再次，在吴的帮助下，夏被释放，并成功抵达香港。但是，他没有在香港与张安排的共产党联络人接触，而是选择偷渡到日本（夏文运，2000/1967：94）。到达东京后，他设法获得了合法居留权，并在东京铁路协会找到了一个职位。他的老朋友和知鹰二因战争罪入狱六年，刑满释放后被任命为该协会的行政总裁（王天明、文俊，2005）。夏一生再未回国。

5.1.2 夏文运的社会资本和场域利益

显然，夏文运扮演了国民党双重间谍的角色，他不仅是一名口译员，还是调解人和情报员。然而，这些不同的角色间是相互关联且互补的。一方面，他的口译工作扩大了他的社交圈，使他能够接触到双方的高层政治人物；另一方面，他的社交圈使他成为日本人的宝贵政治资源，进而更为巩固了他的口译员地位。因此，夏作为

---

① 吴克坚，1949年时任中共上海市情报委员会秘书长（王天明、文俊，2005）。

口译员、线人和调解员的价值不仅得到国民党和日本人的认可,也得到中国共产党的认可。与如今那些更为强调自己语言层面的角色,而将自己排除在任何可能的权力关系之外(Wadensjö 1998:285)的职业口译员不同,夏没有尝试将自己排除在当时复杂的政治军事关系之外,而是倾向于将自己定位于多个场域,并享受因满足不同代理人及利益方的特定需求后由其提供的利益。夏这样做至少引出两个问题:是什么资本使他在不同场域获得了这些位置?这些职位能让他得到什么利益?为了回答这些疑问,有必要将夏放到为整个口译行业设定的布迪厄框架中(见第1章)进行考查,同时综合考虑他的教育背景、社会经历以及他必须完成的工作。

夏的口译职位要求他必须同时掌握中、日文以及相关文化知识。从这个意义上说,夏早期在日本控制的城市中的生活经历,包括他的初级和中级教育,便于他从小就习得日语,并得到了由日本南满公司资助去日本学习的机会。他在日本的六年教育和生活经历(从1925年到1931年)更是进一步增强了他的语言和文化能力。确实,这样的生活经验和文化融入对口译者掌握基本文化知识和沟通技巧至关重要。更重要的是,通过在中国和日本获得的荣誉、资助和学位,这种文化资本不断得到认可、增加,并转化为象征资本和社会资本。比如,除了物质利益外,日本公司推荐其赴日本学习并提供奖学金是一种象征性的资本,即对他的学业表现和日语能力的认可,在日本获得的两个学位更是很好的佐证。因此,夏先生的语言能力和专业知识不仅为随后的口译工作做好了准备,而且还通过被授予日本两家著名教育机构的学位这种方式受到正式认可。

使夏成为战时双重间谍和调解人的另一种至关重要的资本,

第五章　两位口译员：夏文运与严嘉瑞的个案研究

是由他的社会关系和沟通能力形成的社会资本。这部分源于他在日本受教育的经历。作为日本留学生，夏能够与许多直接或间接在日本留学的国民党高级官员建立联系。同时，他在日本的教育背景也帮助他在日伪满洲政府获得职位，并开始在日本官员中扩大他的社交网络。夏获得社会资本的决定性因素是他的社交能力，尤其是他的人际交往能力。根据李将军的说法，夏是"一个诚实、充满朝气的年轻人"（李宗仁、唐德刚，1979：316）。他似乎非常善于与不同的人打交道，并在各处结交朋友。从他在伪满洲的人力资源部门的第一份工作开始（这是他通过在火车上与一名日本军官闲谈中获得的），夏的职业生涯几乎每一步都与他在学习和工作中发展和积累的社会关系有关。例如，他担任伪满洲军事部门负责人的口译员和秘书，是由于他与曾经在南津书院任教的卢善元熟识。随后，夏通过这项工作与包括和知鹰二在内的许多日本军官会面并成为朋友。根据一些资料所示，为了表达他对和知的感激之情，夏甚至给自己取了别名"何一之/何益之"（"一"/"益"意为"唯一"/"受益"，"之"指夏本人，"何"与"和"谐音，"之"与"知"谐音，这样就把"和知"融入了自己的别名中），暗示他将死心塌地效忠于和知以感谢其支持与信任（肖占中，2005）。与和知的友谊，特别是他与日本高级官员之间的关系，使他在战争期间进入权力的中心，反过来又使他在政治社交活动中拥有了更大的权力。

另一方面，夏还因为与国民党官员的社会关系而受到日方的重视。对于日本人而言，夏是非官方接触某些关键中国政治人物或军事领导人的合适人选，鉴于中日间的政治敏感性，这一点尤为重要。夏显然很清楚他与中方社交关系的价值。他自愿向日本人举荐自己，并利用所有潜在的社会关系来帮助他们，从而增强了他的政治资本，并巩固了他在日方的地位。例如，在他的政治调解工作中，他与国民党政府财政部部长孔祥熙的联系是通过他的朋友肖正英建立的，他们在20世纪30年代的口译工作中相识（夏文运，1999/1967：4—5，76，80）。同样，他通过在日本留学时认识的朋友金德光与民国初期著名的中国军事领导人唐绍仪取得了联系，唐被日本人视作伪南京政府领导人的潜在候选人（夏文运，1999/1967：5，78）。金德光之所以可以帮助夏文运与唐绍仪取得联系，是因为他后来娶了唐第八个小老婆的女儿。诚然，在基于社交关系的中国社会中，夏在调解工作中使用友情和裙带关系一点儿也不罕见，但是他的中方联系人对他为日方的口译和调解工作所产生的影响是不可忽视的。

此外，夏的人际交往能力和在日本高级军官中的知名度也得到了他的中方联系人的认可。他经常在中日两国官员举行的各种正式和非正式会议中担任日方翻译，给一些中国高级官员留下了深刻印象。这当中包括前文所述的李将军。他看到了夏与他职务的价值，要求他为国民党提供秘密服务。据李描述，在战争初期，夏的情报在速度和准确性方面"无与伦比"，并且"其价值和准确性比重庆国民党中央政府情报部门收到的要高得多"（李宗仁、唐德刚，1979：178）。显然，夏在这两个分别由国民党和日军主导的场域中的位置，成为他双重间谍身份的力量之源。通过跨界活动及不同定位，他不仅提升了自身的资本，而且也创造了不同场域之间新的力量关系。因吉莱莉（Moira Inghilleri）认为，口译员在交汇重合的场

第五章 两位口译员：夏文运与严嘉瑞的个案研究

域中能处于什么位置，通常取决于更强大的行动者和机构（Inghilleri, 2005a：72—73），夏的案例为这个观点提供了另外一种视角。而夏无论身处哪个场域，在发起和促进不同场域之间的联动方面都发挥了更加积极的作用。

关于与夏的双重间谍身份有关的利害关系，应认真解读李将军对夏主动请缨情报工作的描述。轻易断定夏是一个热情的民族主义者，关心祖国利益胜于关心自己可能会有些误导，甚至夏本人也不会这样认为。实际上，在评论他的政治调解工作时，他主要将自己视为站在中日之间向国民党递交日本和平协议的人（夏文运，1999/1967：6，79）。因此，不管他为国民党做过什么情报工作，他都更多地把自己看作与日本人合作的中国人，这是他曾经在回忆录中试图捍卫的立场："引起事变导致日本占领中国的责任在政府方面，因此不应责难我们中国老百姓。"（夏文运，2000/1967：2，97）

作为"一个普通的中国人"，夏在描述战时口译和政治工作时也表现出对物质利益和社会地位的兴趣。例如，在被提供为伪满洲政府军事部门担任秘书和口译工作时，他的回答是"慨然应允出任军政部秘书，中校待遇"（夏文运，1999/1967：1，80）。夏在回忆录中也经常提到甚至夸耀从这个职位上获得的物质利益。例如，他回想起了在广东担任和知口译员的日子：

〔我〕在广东的支出超过一百万美元。当时，我的家人还在华北。我从军事部门获得的薪水可以让他们过上舒适的生活。对我来说，我在广东有一栋豪华的房子，有足够的资金用于社交活动。我记得

有一次我在麻将桌上输了1万美元。和知立即为我还清了款项。（夏文运，1999/1967：2，78）

夏的言论可能并不完全正确，目前尚无证据支持或反驳他的言论。然而，他夸耀说由于工作他从日本人那里得到了不少物质利益以及支持和信任，这确实是事实。显而易见的是，随着和知政治工作的发展，夏的社会政治活动也上升到了更高的水平。被中日两国官员视为新的"政治名人"后，他开始享受免费鸦片、豪华住宿、私人保镖、免费交通工具和晚间娱乐等福利（夏文运，1999/1967：6，77）。他甚至得到了蒋介石30万美元的金钱奖励和荣誉，但据夏说，他自己没有留下这30万美元，而是将其花在了与政治调解工作有关的活动中（夏文运，1999/1967：6，77）。

尽管享受着舒适的生活和保镖服务，然而同时，他的双重间谍活动也使他处于危险之中。换句话说，个人福祉是与其职位相关的利害关系之一。显然，夏对自我保护特别是人身安全非常谨慎。例如，在和知的上海情报局工作时，他意识到自己正受到中国情报人员的密切监视，并在午夜时分发现自己公寓的门上用粉笔写了几个汉字——"汉奸何一之"。看到自己处于危险之中，夏（2000/1967：1，71）立刻减少了与和知的公开会面，并在上海其他地方为自己找到庇护所。他被日本人怀疑向国民党泄露机密信息，曾因此在香港躲藏了将近半年。战争结束后，夏看到国民党对"叛徒"的残酷惩罚后，察觉到了即将来临的危险。因此，他曾计划利用以前的关系求助于共产党，尽管最终由于李将军的劝说和担保而未能执行该计划。这种对生存和自我保护的强大意愿贯穿了他的整个口译、调解和情报工作始终。每当他感到危险逼近时，他都会立即选择躲藏或转换

第五章　两位口译员：夏文运与严嘉瑞的个案研究

阵营挽救自己。

尽管如此，虽然夏充分意识到双重间谍工作可能带来的危险，但他也知道战争终有结束的一天，所有与日军站在同一阵营的中国人都可能面临悲惨的结局。他目睹了国民党特工暗杀所谓的叛徒，并非常清楚中国民族主义文化以及中国民众如何认定汉奸，如何对汉奸恨之入骨。正如夏在他的回忆录中指出的那样：

在中国，受日方欢迎的亲日分子被称为"汉奸"，其下场都很悲惨。中国人尊重人道主义、国际主义精神。正如"天下为公""天下唯有德者居之"的说法，凡有德者即可统治国家，无德者则遭受唾弃。由此可以理解中国文化的含义，崇尚道德、仁义，毋宁说较之民族主义、国家主义更为受到推崇。因此，凡为日本占领当局效劳的中国人，一律要被当作汉奸而严加惩处的。（夏文运1999/1967：4，68）

与中国民众对汉奸的早期议论相比，夏的观察提供了不同的、更个人化的见解（请参见"引言"）。夏很清楚，他与日本人的合作违反了中国道德的底线，因此被贴上了汉奸的标签。这个标签是他必须牺牲的文化资本和他必须承担的后果。因此，从某种意义上说，他的双重间谍行为是他在复杂政治关系中的自我保护策略。由于与不同利益方的联系，当局势在某一方变得不利时，他可以到另一方寻求庇护。但由于文化资本的丧失，战争结束后，他在中国已无立足之地。夏回忆说，战争期间一个与日军有一定联系的北京邻居来向他寻求帮助，得知他与李将军的亲密关系而松了一口气（夏文运，2000/1967：2，98），但是夏警告他说：

　　你好像不明白中国的社会现状似的，最好先不要那么高兴。汉奸问题即使行营主任也难以庇护得了的，更不必说你的有关宪兵队的问题，不是那么简单的事嘛。

　　很显然，夏很清楚，尽管他以前曾为国民党效力，他身上的汉奸标签也很难被移除，局势可能会失控。这可能就是他最终选择移民日本的原因。如今，夏的故事已经被包括他的女儿、见证人和中国记者在内的许多人重新讲述。这些都是在强调他为国民党政府所做的情报工作，以及他对中国抵抗日军侵略做出的贡献。夏被形容为"出淤泥而不染的'皇军'翻译官""客死东瀛的'海外赤子'"和"无名英雄"（王天明、文俊，2005）。具有讽刺意味的是，在将近半个世纪之后，这些荣誉头衔再次证实了夏文运对中国文化中根深蒂固道德标准的遵从，人们依据这些道德标准对所有个体，包括口译员，进行盖棺定论。

　　口译员的社会和文化身份这样的话题在译员职业培训和道德规范中极少被谈及，因为口译更倾向于被认为只是一种语言的转换。但是，对于现实世界中所有口译员而言，他们的社会和文化身份至关重要，无法抹去。在很大程度上，他们的社会身份，特别是民族身份，等同于对其口译实践施加的价值体系，因为他们希望被自己的社会团体接受，并且必须尊重并恪守该社会团体或国家的种种规则。这个价值体系通过社会经验铭刻在口译员的惯习中，并被同一个社会群体中的其他主体用来对他们进行评判。此种外部压力对口译员会产生重要影响，这在第二个有关严嘉瑞的研究案例当中体现得再明显不过了。

5.2 严嘉瑞：一名训练有素的国民党军事口译员

我于 2009 年 1 月 8 日至 9 日在广州家中采访严嘉瑞时，他表示理解并同情某些口译员为了生存而与日本人合作。① 他还指出，中国民众对这些与日方合作译员的仇恨或批评也是可以理解的，因为"他没有记住他是中国人，他做了帮凶，为虎作伥，中国人的精神强调的是威武不屈，宁死不屈"。考虑到严在抗战期间由国民党培训的军事口译员地位，他的上述观点提出了一个重要的问题，即战争时期官方培训对口译员职业及其定位的重要性。

与夏文运相比，严嘉瑞在战争中的经历要简单直接得多。严于 1927 年出生于云南省昆明市一个贫穷的单亲家庭，在母亲的支持下完成了小学和中学教育。如第二章所述（见第 2.3 节），他是国民党为与美国人的军事合作招募和培训的最年轻的学生口译员之一。他于 1945 年 5 月加入国民党在重庆进行的为期三个月的军事口译培训计划，当时才 18 岁。他的军事口译经验相当短，因为就在他要被调往云南接受武器训练然后正式到战地服役时，战争结束了。结果，严和其他口译员被遣散，他们的短期服役获得了一些金钱补偿。

我对严的访谈分为两个小时，每天一次一个小时，采访计划尽

---

① 我对严的采访于 2009 年 1 月 8 日在他广州的家中用中文进行。采访连续两天，每天大约一个小时。访谈是根据预先准备的 27 个问题进行的，涵盖了诸如严的家庭背景，他的理由和申请口译职位的过程，他的培训内容，对军事口译职业的了解，以及他的自我认知。

可能基于严已经预知的问题进行。但在实际访谈时更多是遵循严的思路，而没有严格按计划进行。采访部分被录制下来，转录成文字后再提交给严进行校对和批准。为期两天的访问（尤其是两个小时的正式采访）给我留下的深刻印象是：对于那段大约发生在63年前仅持续了很短时间的军事口译经历，这位81岁的口译员（2008）仍然感到兴奋异常。实际上，严一直不断地反思自己的军事翻译经历，甚至于2005年在广州翻译协会的网站上发表了一篇文章《"二战"受训班回顾与感想》。除个人观察外，该文还包括1945年使用的培训教科书的前言和内容页。作为历史的见证者，以及抗日战争中的一名军事译员，严非常珍视他为期三个月的口译培训，并且在过去的几十年中，一直以翻译为业。在他与外国客户交谈时仍然保留军事礼仪。例如，在访谈和发表的论文中，他都强调了使用"先生"与对方打交道的重要性，这是他从军事口译培训中学到的重要一课。

在采访中，我提出了口译员身份的问题，并询问严如何理解这个词，尤其是在中文里。他略加思索后与我进行了如下对话：

严：在中文里是身份，更确切地讲是有自己的立场。

郭：身份和立场的观点？

严：嗯，立场观点。Identity，平常讲 identity card，就是你的身份。你自己要明确你是什么样的身份。你就是个翻译，你是一个 co-star, not star，我是这样理解身份的。在战场上，你不是指挥官，你不是 commander，你不能发号施令，你是 assistant，是助手。

第五章　两位口译员：夏文运与严嘉瑞的个案研究

严对口译员身份解释的双重性，特别是融入了他自己军事口译员的经历，特别有趣。一方面，他认为identity是"身份"或"立场"，这是一个被动接受而不是与生俱来的定位；另一方面，他强调口译员具有特定的社会定位，即作为语言助手，而不是基于个人不同背景心理反射的一个部分。对他而言，军事口译员无权指挥，但应始终服从上级权威。但是，他也强调，口译员的这种定位并不意味着口译员必须保持中立。相反，对于严来说，口译员应该有明确的政治立场：

严：中国的译员在战场上当然要站在中国军队的立场。现在改革开放的时代，你要代表中国公司的立场、中国人的立场。那外交部的翻译怎么办？（郭：对呀？）绝对是中国政府的立场。

尽管以上对口译员定位的澄清可能并不适用于不同文化中的所有口译活动，但其强调军事口译员的政治立场和国家利益主张，也反映了军事口译员对其社会定位的自我认知。口译员的自我认知源自其通过教育和社会经历而形成的惯习，尤其是他接受口译员培训的结果。严慷慨赠予我的口译培训主要教材《翻译官必读四十课》复印本，提供了一些培训课程可能对译员职业惯习施加影响的线索。例如，教科书中总共有40课，每课涵盖一个特定主题，包括医疗服务、地理、交通运输、制图、军事情报武器、陆军服务、部队、补给品和化学战等。第三课专门强调军营中的纪律、安全和礼仪。在第一部分中，它列举了有关军队法规和纪律措施的相关词汇和表达方式。例如，"服从/不服从；最终决定权由指挥官决定；缺席者将被罚款；

逃兵将受到军事法庭审判；升职/降职"（外事局联络组，1945：7）。然后在第二部分中，通过对话为口译员提供实践：

C：在公告板上似乎有很多规则和规定。

A：对于任何军营来说都是如此，这里的指挥官非常严格。不服从命令会马上被纪律处分；严重不服从意味着进看守所或受严厉的惩罚。但是里昂上校说，良好的士气比规则或惩罚更有效。

C：我认为军事纪律非常重要。的确，在军队中，"团队精神"的培养是团队利益所系，高于个人利益。

A：说得好。缺乏纪律可能导致严重的军事失败。（外事局联络组，1945：8）①

正如前文所强调的那样，该口译培训教材不仅限于语言培训，它还有一个目标，就是培养这些军事译员候选人"典型的军事翻译官所具有的品质，如纪律、礼仪、勤奋、毅力、品格、服务等"（外事局联络组，1945：2）。显然，上述对话是专门汇编或挑选的，来向准军事翻译官传递绝对服从领导及团队利益高于个人利益等信息。很难说这门课对接受培训的口译人员有多大影响，但是对于18岁刚高中毕业的严来说，这次培训很可能是他第一次直接接触军事纪律和效忠军队的概念。因此，毫不夸张地说，这个培训对严的自我认知及对他在该场域的定位认知产生了显著影响。

---

① 培训文本中使用的缩写如下：C——中国口译军官；A——美国军官或士兵。

第五章 两位口译员：夏文运与严嘉瑞的个案研究

严在采访中还提到了他在军事口译培训中学到的中国谚语英文版："文官不爱财，武官不怕死。"对他来说，这句话是要提醒翻译军官不应追求物质利益，也不应该害怕危险或失去生命。"这是中国很好的格言，超越时代，今天仍有现实意义。"严补充说道。有趣的是，在第一个案例研究中讨论的口译员夏文运（2000/1967：3，94）在回忆录中也引用了这句属于抗金著名英雄岳飞的原话："文官不爱财，武官不怕死，则天下可治也。"然而，夏并没有在此引述后谈论自己，而是评论说，国民党政府在战争期间严重腐败，因此失去了中国公众的支持，许多知名的军队将领都倒向了共产党。

显然，严和夏从不同的角度和着眼点都看到了个人对国家献身的重要性。严珍视并弘扬口译者的自我牺牲精神，而夏则更现实地看待问题，质疑国民党政府的治国方略。不考虑时间及环境等因素，他们观察的差异似乎都源于自己不同的生活经历。当时年仅18岁的严几乎没有社会阅历，尤其是政治斗争经验，他的部分职业惯习明显受他的训练及其中的军事纪律和政治忠诚影响。相比之下，夏则相对更加成熟和世故；尽管他没有接受过任何正式的培训，但他经历了战争的残酷，且曾被卷入更为复杂的政治和军事纠葛中。因此，夏似乎并没有受到政治忠诚观念的束缚，并利用一切手段谋生存，取得了不小的成功。

与夏不同，严显然具有强烈的使命感，到现在都非常自豪于自己的军事翻译职位。这可能与他的军事训练及其在昆明的早期经历有关。昆明在战前和战争期间一直牢牢受国民党控制。严在战争中对日本和日本人的记忆很大一部分是日本对中国的欺凌以及对他故乡昆明的轰炸。根据严的说法，"报效祖国，打日本"是他参军并成为口译员的强烈动机的一部分（严嘉瑞，2009）。如前所述，过去的个人回忆总是与后来的经历混合在一起，并受信息检索方式的影响。但是，在讨论口译员的自我认知时，将严的爱国热情考虑在内非常重要。一方面，这种感情对于一个从出生到18岁一直在国民党统治地区生活并接受所有教育，且目睹了日本军队入侵并轰炸家乡的年轻人来说是非常真实的；另一方面，严强调为国家效忠的荣誉感和爱国热情是他翻译工作的强大动力，这实际上是他对自己一直以来称自己为中国爱国者这种自我认知的解读。

同样需要指出的是，在采访中，严确实谈到了自己参加口译培训计划的个人兴趣和实际考虑。对于严来说，参军报国也是"出路"。具体来说，严从南清中学毕业后，就立刻面临生活的压力，因为他的母亲还需抚养妹妹，已无力继续负担他的后续教育费用。因此，对于严来说，参军是双重的福气：不仅能光荣地为国服务，而且还让他实现了经济独立，并减轻了家庭的负担。用严的话来说，"当兵吃粮，报效祖国"，这是一个优势。他笑着问我："你知道美国士兵为什么叫作 GI 吗？"

> 云南人称当兵的叫吃粮的，就是当兵可以填饱肚子。government issued 就是政府供给，一切由政府配发，真是异曲同工。

因此，对于严来说，考虑到他的家庭状况和战时谋生的艰辛，决定当一名译员并参军是很自然的。但是，成为一名军事口译员也与他对英语的兴趣及向往到美国学习的梦想有关。他告诉我，国民

第五章　两位口译员：夏文运与严嘉瑞的个案研究

党曾声称会资助表现出色的口译员赴美学习。实际上，由于云南靠近越南（前法国殖民地）且深受法国影响，因此严的第一外语是法语而不是英语。但是，在1941年太平洋战争爆发后，严决定放弃学了三年多的法语而转学英语。因为他看到国民党在昆明的主要军事基地是与美军联合使用的。

美国士兵的涌入改变了严的生活。他在高中就与美国士兵在学校操场进行了首次现场英文交流，而且还勇于带着这些美国人参观，并溜进部队电影院观看最新的带字幕的美国电影。这些电影和里面的翻译给严留下了深刻的印象。他仍然记得电影的名字，如《东京上空30秒》《大圆舞曲》《飘》《呼啸山庄》《蝴蝶梦》《北非谍影》等。然而，美国人对严的影响远不止于此。严回忆起自己与一名西南联合大学的军事翻译一起观摩美军在昆明的一次军事演习经历。译员的中英文翻译以及他的美军制服让他印象非常深刻："我也想穿上美军的服装，去做美军的翻译。"后来，他在当地一家报纸上看到了国民政府军事委员会外事局的口译员招聘广告，尤其是里面还提到为口译员提供赴美国深造奖学金的机会。他报名参加了面试，尽管他很年轻，但他的英语口语给美国面试官留下了良好印象，使他正式加入了成为国民政府军事委员会外事局军事口译员的培训计划。

从布迪厄的视角来看，严对英语学习的投入及他向口译员职位的转变，是由于他以前与美军的交集，以及他通过观察陪同美军的中国军事口译员而获得了对口译场域的认知。对于严来说，这位口译员的美国军服象征着一种资本，这种资本与军事职位、荣誉、前往美国学习的机会相关联，实际上也与一个18岁少年所有类似的兴趣相关联——除了作为军事口译员所面临的生命危险之外。当被问及如果给他第二次机会，他是否会选择一条不同的人生道路时，严没有直接回答，但发表了以下评论：

人生海洋，随遇而安。我想我只有这样的选择，因为那是时代的选择，人生很难，实际上在那样的情况下，你没有选择的余地，是当时时代选择了我们。

在那一刻，严表现出对过去的复杂情感。在他看来，他只能简单地接受时代的安排并跟随社会的发展，而不能遵循个人的选择或计划。这种观点与他先前在艰难时期努力寻求出路、追求荣誉和改善生活的描述形成鲜明对比。显然，为了实现他的抱负与爱国热情，严受限于没有其他更好的选择。对他而言，在当时情况下，参军并成为军事口译员是最好的选择。与夏不同，在接受口译员培训时，严极为有限的社会阅历与人际关系无法帮助他发现和探索其他可能性。这是布迪厄在实践理论中经常强调的一个方面：主体的"幻象"——他们对场域的实际感知——是由他们的惯习即具体体现的客观条件产生的，直接影响他们对自我及通过他们的社会经历发展而来的场域的认知。换句话说，严的惯习不足以使他对该场域或其他场域有更宽阔的视角，并且他的社会资本也不足以使他无论是在场域内还是场域外做出不同的定位。

尽管如此，严的军事口译经验明显改变了他的处境。首先，严在培训期间遇到了重庆口译培训计划主任毕范宇博士（Dr. Frank W.

第五章　两位口译员：夏文运与严嘉瑞的个案研究

Price）。① 他对严及其战后生活产生了重大影响。据严描述，他与毕范宇博士建立了很好的个人关系（严嘉瑞，2009）。像夏一样，他在接受军事口译培训时也以导师的名字作为他的英语名字。战争结束后，国民党解散了口译员培训班，严私下找到毕范宇寻求帮助。毕范宇向他在联合国善后救济总署（United Nations Relief and Rehabilitation Administration，UNRRA）中国分部担任副主任的弟弟哈里·普赖斯（Harry B. Price）推荐了严。这样一来，继军事口译员生活后，严获得了他的第一份正式工作。毕范宇博士在后来给严的信中写道：

> 我很高兴几天前你能来和我谈心，感谢你与我分享你的困难和问题。我的确感觉你就像我亲生儿子一样，希望将来我能像父亲一样帮助你。这意味着我将竭尽所能为你提供帮助，并也与你促膝交谈。②

鉴于毕范宇博士对严的帮助是及时且极富成效的，严主动去找他进行交流，告诉毕范宇他的困难，并向他寻求帮助，这对严来说都很重要。就是说，他与普赖斯的相识是他在培训期间积累起来的社会资本，像夏一样，当情况发生变化时，与教师互动产生的社会资本，使得他能够跨越到其他潜在的职位和场域。

---

① 毕范宇（1895—1974），即 Frank Wilson Price，美国美南长老会传教士，汉学家，上海国际礼拜堂牧师。抗日战争期间曾做过蒋介石的顾问，兼国民政府外事顾问，并协助成立重庆译训班，为军方培养译员数以千计。——译者注
② 采访严结束后，他给了我一份这封信的复印件，上面的日期是 1945 年 9 月 7 日。

另外，尽管时间很短，但严的军事口译培训极大地影响了他之后生活。凭借国民党颁发的军事口译证书，严被承认为退役军人，并有权在武汉大学免费深造。凭借他的大学教育背景和英语语言技能，他被共产党军队选中接受进一步培训，并在1949年后成为共产党干部。然而，在"文化大革命"（1966—1976）期间，严因其过去为国民党服务以及与美国人之间的往来关系而受到迫害。这次迫害再次凸显了布迪厄的观点，即主体资本的相对价值由该场域内占主导地位的权力关系决定。国民党颁发给严的口译证书，为他带来了好处。但是，当共产党执政后，随着意识形态和政治体制不同，口译证书的价值就变得不确定，甚至成为削弱严社会和政治资本的负面因素。

正如严在采访中强调的（2009）："'人生路，关键就几步'或者关键就一两步。你读什么学校，你做什么工作，你交什么朋友，你跟什么人结婚，就是这么几步。"严的话呼应了布迪厄在他的主体实践论中设定的几个主要点：教育、职业、社交网络以及个人/家庭关系。这四个方面共同构成了主体社会经验的最大部分，并决定了他们拥有什么样的文化资本和社会资本。

5.3 总结

本章介绍了夏文运和严嘉瑞这两位口译者的个案研究，以及他们自己对战争中的社会和职业实践的陈述。通过对他们的社会轨迹尤其是自我认知的考查和分析表明，尽管他们的年龄、社会出身和生活经历有所不同，但他们的行为遵循相似的模式；也就是说，他们的口译不是中立的语言服务，而是个人谋生、获得荣誉、寻求保护和在社会中寻求更好地位的行动。对于夏来说，口译是一种发掘

第五章　两位口译员：夏文运与严嘉瑞的个案研究

并兑现他在日本留学以及在日本统治的伪满洲政府工作中，积累语言资本、文化资本和社会资本的手段。另一方面，事实证明，他的口译活动进一步扩大了他的社会资本，并使他后来在中日政治谈判中充当双重间谍成为可能。夏的例子让我们对通敌口译员增加了另一层理解：一些口译员在同一场域内及跨越不同场域的定位与活动，实际上赋予了他们更多的权力和资本，因为他们联结起了不同的场域，建立起了新的权力关系。

与夏相反，由于严有限的生活经历：年轻学生、朋友圈狭窄，他没有机会跨场域活动以给自己不同职位。尽管如此，严在采访中对他的专业培训经历的回忆，尤其是他对口译员身份的自我表述，对口译员职业提出了更为个人化的看法，并为第 2 章中讨论的口译员培训提供了不同的见解。教育，即案例中的专业培训及海外学习经历，对口译员来说是重要的社交过程。在这个过程中，他们不仅要获得专业实践所必备的知识和技能，而且还应将价值观和信仰纳入其职业惯习中。这种职业惯习反过来会不断影响他们的自我认知，以及随后的社会交往和专业实践。

基于布迪厄社会学理论框架，通过职业培训和实践来分析个体译员的自我表征以及他们的社会化过程极富成效，同时也证明这个理论框架对此类分析是一个特别有用的概念化工具。传统的对译员生活轨迹进行历史分析的方法着重研究译员对历史的贡献（Delisle and Woodsworth, 1995; Roland, 1982, 1999; Wong, 2007），而与这种方法形成对照的是，布迪厄社会学方法不仅开创了对影响译员职业惯习形成和发展的社会因素的讨论，同时也对个体译员对社会发生积极作用的潜在能力提供了一个很有价值的视角。

第六章
结　论

第六章 结 论

在前面几章中,我们了解了抗日战争期间中国译员在不同政治和军事环境中的表现。这一旷日持久的冲突对译员来说既是挑战又是机遇。一方面,他们不得不在严酷政治统治下的军事暴力冲突中艰难谋生;另一方面,冲突促进了中国和外国力量之间的合作与互动(例如,国民党与德国和美国的军事合作;中国共产党与共产国际和美国的政治互动;以及日军与当地通敌者的互动),进而催生了对语言支持的需求。于是,译员对外国语言和文化的了解就赋予了他们社会地位和权力。

战争背景确实是口译研究中的一个极端情况,在这样的环境中,译员几乎无法控制相关各方之间的联动,但它仍然为口译实践的实证研究提供了一个重要的历史背景。更具体地说,文化、军事和政治紧张局势,以及在战场上生存的压力,无疑让我们对口译员这个职业和个体口译员的社会实践又增进了一层理解。与今天的会议口译或社区口译相比,战时口译更加制度化(甚至军事化),译员由特定的政府当局出于特定的政治和军事目的而专门挑选、培训和雇用。

例如,国民党政府对军事译员的招募、培训和管控统一由军事委员会外事局(国民政府军事委员会外事局)负责。国民政府军事委员会外事局监督专业军事译员培养的整个过程,从编写培训教材、制定培训大纲到奖惩译员。虽然中国共产党没有同样的军事译员需求，但共产党与共产国际和后来的美国迪克西使团沟通中使用的译员也是精心挑选的，只不过是从中国共产党党员内部选拔。对中国共产党译员来说，对党的拥护是其口译实践的主要资本和决定性利害关系。这种在战时将译员职业制度化的倾向，在效力于日军的译员身上也很明显。与今天的自由译员不同，这些译员通常直接隶属于日本或日本扶持的军政机构，包括日本宪兵队、日本军队、日本控制的地方行政机构和情报机构。因此，这些机构提供的职位和支持是他们在被占领地区的权力来源。

虽然战争促进了译员职业的制度化，但不能就此认为译员的职业惯习仅仅是由机构培训和雇用自动产生的。第四章和第五章中对不同译员的个案研究清楚地表明，对于个体译员来说，口译往往只是他们个人发展以及极端情况下自我保护策略的一部分。此外，译员游移于不同的政治阵营、跨越军事边界以实现自身利益最大化的情况也并不少见。

鉴于这种复杂性，布迪厄的社会学框架提供了一个富有成效的分析视角，把口译和口译历史的问题置于更广泛的社会背景下进行分析。在该研究框架下，最重要的是译员的专业身份、译员职业化过程中培训的重要性以及个体译员在社会环境中的主体性和主动定位。尤其需要注意的是，在社会学的背景下，口译实践并不是由专业人员进行的独立语言行为，而是个体译员为特定目的而进行的社会实践，并对译员本身和其他社会主体和机构产生持续影响。诚然，如"引言"中所说，布迪厄的"场域"概念在翻译研究中的应用仍存在许多争议。例如，是否存在真正的口译场域，该场域是否

第六章 结 论

成熟到包含独特的象征资本,以及口译活动是一个独立场域还是多个相关场域交汇的地方(Simeoni,1998;Wolf,2007a;Inghilleri,2003,2005a)。关于第一个问题,前面已经说过,口译场域确实存在,并且可以通过将口译视为社会主体和机构之间的社会互动,而不是个人的语言产出来重建。这种对社会关系和实际行为的强调可能是社会学视角在口译历史研究中的最大优势,尤其是在现有文献(如文字记录)不足以进行语言学研究的情况下。

因此,对中国这段特殊历史的研究不仅填补了世界战时口译史的空白,也为我们理解译员的职业身份提供了启示。基于布迪厄的惯习概念和翻译学者对译者职业惯习的阐述,我认为这种职业身份既不是适用于所有语境的一般标准,也不是训练的最终产物,而是译员在社会实践中吸收并不断明确的价值观和规范的表达。一些译员(比如最后的案例研究中的第二位译员严嘉瑞)对自己的职业身份有很强的认同感,并倾向于依照职业准则行事。而还有一些人,比如伍修权和凌青(见第三章),倾向于拒绝或回避"译员"这一标签,因为这对他们在共产党内部的政治生涯不利。显然,这些不同的反应源于他们不同的社会政治地位和之后的口译实践,即他们的自我认知和口译实践对个人社会发展的相对价值。

然而,不管译员后来的职业实践影响如何,培训在确立职业身份和培养职业惯习方面确实发挥了关键作用。最重要的是,培训是机构选拔合适候选人和灌输有利于统治力量的价值观和规范的重要过程,比如译员身份、荣誉和可耻行为的标准以及政治主张。这一发现对于我们思考当代译员的职业规范和道德,以及培训对规范译员的重要性特别有用。例如,公正和中立是法庭译员培训中始终强调并强化的一项基本道德原则，但与此同时，译员又被要求维护法庭的利益，所以在某种程度上，这实际上是译员倡导和忠于民主法律制度的隐性表达。培训也是个体译员获得基本技能和以资格认证和证书的形式使所学知识体制化的有效途径。这种正规化通常是译员，特别是军事译员进入该行业并获得职位资格的一个必要且关键的过程。换句话说，培训本身就是一种象征资本，因为它将专业人员与未接受过培训的人区分开来。例如，我们在第二章讨论过，国民党的军事译员，包括那些在战争期间没有机会真正服务于军队的人，从训练的第一天起就有福利和军衔，并享有某些特权，包括战后免费接受高等教育。

然而，译员的惯习并不仅仅由抽象的规范组成，它也涉及译员的身体。布迪厄关于惯习身体化表现的论点的意义就在于该物理实体。事实上，跟笔译不同，口译的一个关键方面就是译员必须亲临现场并身体力行完成口译实践，这一点因战时恶劣的生活环境而更让人关注。健康的身体不仅是招募军事译员的重要条件，而且译员的身体状况、求生意志和对美好生活的追求也是他们社会实践的基础。由于译员吸收的任何价值观和规范都必须通过其个人行动来表达，所以译员的行为不是标准化的专业产品，而是个人行为，其影响取决于译员个人的特点，包括社交能力、文化知识甚至是身材或外貌。同时，译员也担心他们在口译工作中会有不测。跟其他人一样，他们害怕危险和死亡，并试图利用译员职位为自己争取最大的利益。在研究国民党军事译员和日方汉奸译员时会发现，这种现实的考量所产生的影响非常明显。一些国民党译员在培训时或在战场上逃避军事任务，还有一些通敌译员秘密为中国公众和抗日力量服务，以避免被当作叛徒而遭受暗杀或惩罚。这些自我保护策略和越界行为为研究译员在特定背景下的主动定位提供了独特视角。

尤其是越界行为，有助于理解他们在战争期间的作用和权力。由于缺乏专业培训，社会地位低，报酬少，译员往往被视为其他主体和机构的附庸（例如，Simeoni，1998；Wolf，2007a；Gouanvic，1997，2002，2005）。但通过对通敌译员的研究，我发现译员在不同场域的定位可以增加他们的社会资本或经济资本，有时甚至可以暂时保护他们免受暴力侵害。例如，在最后的案例研究中，夏文运作为一名为日本人工作的译员，充分利用他在中日双方的社会关系，从而在中日之间进行政治斡旋，并为国民党政府执行双重间谍任务。他的多重定位不仅帮助他获得了更多的资本，得以在战时和战后的暴力冲突中幸存，而且促进了国民党和日军之间的沟通，为国民党的军事胜利做出了巨大贡献。

虽然战争代表了无序、混乱和暴力，但它确实是译员生活和工作的一个真实场景。他们的实践，不论是档案中记录的还是口述的，与译员文字记录一样重要，都是我们研究这一特殊职业群体的丰富资源。该历史课题中讨论或提出的许多问题，包括译员培训的重要性、资格认证、对译员身份或职位的理解以及译员的社交能力，在当今的国际社会中依然适用，并为进一步研究提供了重要途径。本书既是对这一特殊口译历史研究的贡献，也是当前翻译研究学者和历史学家对冲突中笔译和口译研究的代表性成果之一。

附录：抗日战争年表（1931—1945）

时间	事件
1931 年	"9·18 事变"（奉天事件：中日在中国北部地区发生的军事冲突）；在五个月之内，满洲的大部分区域被日本控制
1932 年	伪"满洲国"建立，这是日本在满洲扶持的一个伪中国政府
1933 年	中国与日本签署了《塘沽停战协议》，并正式放弃其对长城沿线地区以及满洲地区的控制权
1935 年	《何梅协定》和《秦土协定》：日本在这两个协定的操控下建立华北自治区
1936 年	西安事变（国民党将领软禁蒋介石并迫使其同意抗日）；中国共产党与国民党恢复合作；日本与德国、意大利组成第二次世界大战轴心国同盟
1937 年 7 月	七七事变（中日军队在卢沟桥发生冲突）；国民党对日宣战；北京失守
1937 年 12 月	南京战役；南京失守；国民党政府转移至四川省重庆市；日本人制造南京大屠杀
1938 年 3 月	国民党取得台儿庄大捷
1939 年 9 月	欧洲主战场战争开始
1940 年 3 月	汪精卫背叛国民党政府，在南京建立新傀儡政权

附录：抗日战争年表（1931—1945）

续表

1941 年 1 月	皖南事变（中国共产党部队在安徽省茂林被国民党军队伏击）；中国共产党与国民党之间的战时冲突达到高潮
1941 年 12 月	珍珠港事件（日本袭击了珍珠港的美国海军基地）；太平洋战争爆发
1942 年	国民党援助缅甸抗日
1943 年	国民党援助英国驻印部队
1944 年	盟军开展反攻；中国共产党开展局部反攻
1944 年 7 月	美国迪克西使团来访
1945 年 7 月	《波茨坦宣言》发布
1945 年 8 月	美国在日本的广岛和长崎两个城市投放了两枚原子弹；日本投降
1945 年 9 月 9 日	日本与国民党政府在南京签署投降书

参考文献

未出版文献

湖南省档案馆（Hunan Provincial Archive，HPA）

HPA（1943），No.61-1-38-7，教育部训令，高字第 49361 号，1943 年 10 月 9 日，无证明书回校复学之译员不准入学。

HPA（1945），No. 60-1-227-11，军事委员会外事局考选高级译员简章（重庆，1945）。

HPA（1945），No.61-1-38，军委、航委、教育部联合下发的关于征调英语翻译人员的训令、公函等材料。

HPA（1945），No.59-1-15，关于中训团译员训练班同学录及行政班，重庆分团湖南同学等反动骨干的照片。

HPA（1945），No.0-5-137，中央训练团译员训练班第四期官员同学通讯录。

台北历史档案馆（National Historical Archive，Taibei，NHAT）

NHAT（1938），No.002-0103000-014-049-001x，蒋中正电示贺

国光和康泽，俄顾问各译员应有坚实组织，每周应详报工作。

NHAT（1938），No.002-080200-501-135-001x，朱正良等电蒋中正关于苏俄驻宁代报请求改善机场警戒与要求撤换翻译等文电。

NHAT（1941），No.002-070200-009-080，蒋中正电朱绍良、谷正伦等关于中俄文翻译员应与其他语种翻译员同等待遇。

国家第二历史档案馆（No.2 National Historical Archive of China, NHA）

NHA（1941），No.736-349-45，军委会关于在其所属外事局开办中英口译员训练班的报告。

NHA（1941），No.763-456，国民党政府军委会在其所属外事局关于开办中英口译员训练班的报告、指令，外语训练班组织大纲。

NHA（1942），No.787-17362-0790，国民党第六战区司令部审讯敌方翻译张和臣口供笔录。

NHA（1943），No.736-349-46，一封来自中缅印战区美军陆军总部的信（第679页）。

NHA（1944），No.763-18，战区美军总部来函译文关于外语训练班第二期毕业来局服务学员录取名单，实有译官统计表。

NHA（1944），No.763-338-18，中训团第一、第三、第四期受训口译员分配名单，6月。

NHA（1944），No.763-34，译员奖惩。

NHA（1945），No.763-430，1945年上半年所需口译官人数。

NHA（1945），No.763-27，征调各机关、学校公职人员、学生充任译员录取名单。

NHA（1945），No.763-420-12，口译员绩效评估表。

北京市档案馆（Beijing Municipal Archive，BMA）

BMA（1938），No.J181-026-2995（395-26-1），日本宪兵队关于李佳英等冒充日翻译的报告，6月。

BMA（1939），No.J065-003-106-7，北京地方法院行政卷宗：口译人员任免，6月。

BMA（1940），No.J065-003-128-6，北京地方法院行政卷宗：口译就职等。

BMA（1940），No.J065-003-128-44，北京地方法院行政卷宗：口译就职等。

BMA（1941），No.J183-02-30008，警察局关于调查一般劳工、厂矿及各工厂的自治及保安科选口译员等训令，4月。

BMA（1941），No.J065-003-00142，北京地方法院行政卷宗：口译就职人事，3月。

BMA（1941），No.J181-026-4652（1-11-22-10），北平市特务科关于吴子秀等人冒充日本宪兵队翻译起意诈财的报告，5月。

BMA（1942），No.JI81-026-5200，两名罪犯敲诈一名本地居民的报告，8月。

BMA（1942），No.J181-026-5200（581-310-4），北平侦缉队关于赵松岩等二人冒充平谷县翻译诈财的报告，8月。

BMA（1943），No.J181-002-16238，侦获屡次冒充宪兵队翻译向各商索取财物匪犯白兆祥案由报告，9月。

BMA（1944），No.J181-026-6085（598-51-6），北京特别市公

署警察局特务科关于姜雨河冒充日宪兵队通译等向商民诈财一案给警法科的公函, 5 月。

BMA（1945）, No.J181-026-6204, 查获杨贺冒充日本部队翻译扰乱中国大学, 恐吓男女学生等情一案报告, 6 月。

BMA（1946）, No.J181-26-2420, 牛新业检举白天瑞前在山西汾阳县敌日本宪兵队任通译时残杀同胞一案报告, 2 月。

重庆市档案馆（Chongqing Municipal Archive, CMA）

CMA（1943）, No0126-2-510-139, 国立中央工业专科职业学校, 教务类：教育部（代电建）第三零五号。

上海市档案馆（Shanghai Municipal Archive, SMA）

SMA（1938）, No.R18-1-229, 呈报通译朱士清失踪报告, 12 月。

SMA（1941）, No.U1-10-801, 上海中国籍职员家庭生活状况研究, 10 月。

SMA（1943）, No.R04-01-370, 上海特别市教育局：教育部印发各省市日语学校概况调查表, 3 月。

SMA（1946）, No.Y7-1-000072, 译联会手册, 11 月。

南京市档案馆（Nanjing Municipal Archive, NMA）

NMA（1938）, No.1002-2-1292, 关于各区公所雇用通译员训练办法, 9 月。

QMA（1944）, No.B0031-001-00171-0127, 关于录用办事员、通译员的布告, 4 月。

QMA（1944），No.B0031-001-00031-0082，青岛特别市政府录取办事员、通译员公示，6月。

美国国家档案馆（US National Archive，USNA）

美国海军陆战队（1929），军事情报处2657-I-357，马格鲁德（北京）至华盛顿。

采访与个人访谈（Interview and Personal Communications）

严嘉瑞（2009），郭婷采访，中国广州，1月8日至9日。
毕范宇（1946），给严嘉瑞的信，1945年9月7日。

一般参考书目

Baker, Mona（2006）, *Translation and Conflict*, London & New York: Routledge.

Baker, Mona（2006）, Interpreters and Translators in the War Zone: Narrated and Narrators, in Moira Inghilleri and Sue-Ann Harding（eds.）, *Translation and Violent Conflict*, special issue of *The Translator* 16（2）, 2010.

Barrett, David（1970）, *Dixie Mission: The United States Army Observer Group in Yenan, 1944*, Berkeley: the Center for Chinese Studies, University of California.

Barrett, David and Larry N. Shyu（2001）, *Chinese Collaboration with Japan, 1932—1945: The Limits of Accommodation* , Stanford:

Stanford University Press.

Bedeski, E. Robert (1981), *State-building in Modern China: The Kuomingtang in the Prewar Period*, Berkeley: University of California Press.

Borg, Dorothy (1964), *The United States and the Far Eastern Crisis of 1933—1938: From the Manchurian Incident Through the Initial Stage of the Undeclared Sino-Japanese War*, Cambridge, MA: Harvard University Press.

Bourdieu, Pierre (1977), [1972] *Outline of a Theory of Practice*, trans. Richard Nice, Cambridge: University Press.

Bourdieu, Pierre (1984), [1979] *Distinction: A Social Critique of the Judgement of Taste*, trans. Richard Nice, Cambridge, MA: Harvard University.

Bourdieu, Pierre (1991), *Language and Symbolic Power*, trans. Gino Raymond and Matthew Adamson, Cambridge: Polity Press.

Bourdieu, Pierre (1998a), [1994] *Practical Reason: on the Theory of Action*, trans. Gisele Sapiro, Randal Johnson, Loïc Wacquant and Richard Nice, Cambridge: Polity Press.

Bourdieu, Pierre (2004), [2001] *Science of Science and Reflflexivity*, trans. Richard Nice, Chicago: University of Chicago Press. Bowen, Margareta (1995), "Interpreters and the making of history" in Jean Delisle and Judith Woodsworth (eds.), *Translators Through History*, UNESCO Publishing: John Benjamins.

Boyle, John Hunter (1972), *China and Japan at War, 1937—*

1945: The Politics of Collaboration, Stanford: Stanford University Press.

Brandt, Thomas O. (1944), "War and language", *The German Quarterly* 17 (2): 72—78.

Braun, Otto (1982), *A Comintern Agent in China*, trans. Jeanne Moore, London: C. Hurst & Company.

Chang, Hsu-Hsin (1991), *Sun Yat-sen and His Revolutionary Thought*, Stanford: Hoover Institution Press.

Cheung, Martha P. Y. (ed.) (2006), *An Anthology of Chinese Discourse on Translation*, Manchester and Kinderhook: St. Jerome.

Cronin, Michael (2003/1997), "The empire talks back: orality, heteronomy, and the culturalturn in interpretation studies", in Maria Tymoczko and Edwin Gentzler (eds.), *Translation and Power*, Amherst: University of Massachusetts Press, 45—63.

Cronin, Michael (2006), *Translation and Identity*, London: Routledge.

Danton, George H. (1943), "Language and war", *The Modern Language Journal* 27 (7): 508—512.

Davies, John Paton (1974), *Dragon by the Tail: American, British, Japanese, and Russian Encounters with China and One Another*, London: Robson.

Delisle, Jean and Judith Woodsworth (eds.) (1995), *Translators Through History*, Amsterdam: John Benjamins, Unesco Publishing.

Dingman, Roger V. (2004), "Language at war: U. S. Marine

Corps Japanese language officers in the Pacific War", *The Journal of Military History* 68: 853—883.

Dragovic-Drouet, Mila (2007), "The practice of translation and interpreting during the conflicts in the former Yugoslavia (1991—1999)", in Myriam Salama-Carr (ed.) *Translating and Interpreting Conflict*, Amsterdam & New York: Rodopi, 29—40.

Footitt, Hilary and Michael Kelly (2012a), *Language at War: Policies and Practices of Language Contacts in Conflict*. Basingstoke: Palgrave Macmillan.

Footitt, Hilary and Michael Kelly (eds.) (2012b), *Language and the Military: Alliances, Occupation and Peace Building*. Basingstoke: Palgrave Macmillan.

Footitt, Hilary and Simona Tobia (2013), *War Talk: Foreign Languages and the British War Effort in Europe, 1940—47*. Basingstoke: Palgrave Macmillan.

Kelly, Michael and Catherine Baker (2012), *Interpreting the Peace: Peace operation, Conflict and Language in Bosnia-Herzegovina*. Basingstoke: Palgrave Macmillan.

Fu, Poshek (1993), *Passivity, Resistance, and Collaboration: Intellectual Choices in Occupied Shanghai, 1937—1945*, Stanford: Stanford University Press.

Gaiba, Francesca (1998), *The Origins of Simultaneous Interpretation: The Nuremburg Trial*, Ottawa: University of Ottawa Press.

Gouanvic, Jean-Marc (1997), "Translation and the shape of things to come: the emergence of American science fiction in post-war France", *The Translator* 3:125—152.

Gouanvic, Jean-Marc (2002), "A model of structuralist constructivism in translation studies", in Theo Hermans (ed.) *Crosscultural Transgressions*, Manchester: St. Jerome Publishing, 93—102.

Gouanvic, Jean-Marc (2005), "A Bourdieusian theory of translation, or the coincidence of practical instance: field, 'habitus', capital and 'illusio' ", *The Translator* 11 (2): 147—166.

Guillermaz, Jacques (1968), *A History of the Chinese Communist Party, 1921—1949*, trans. Anne Destenay, London: Methuen & Co. Ltd.

Harrison, James Pinckney (1972), *The Long March to Power*, London and Basingstoke: Praeger Publisher.

Hook, Brian (1982), *The Cambridge Encyclopedia of China*, ambridge: Cambridge University Press.

Hsu, Longhsuen and Chang Mingkai (1972), *History of the Sino-Japanese War (1937—1945)*, trans. Wen Hahsiung, Taipei: Chung Wu.

Hsiung, James Chien (1970), *Ideology and Practice: The Evolution of Chinese Communism*, London: Pall Mall Press.

Ienaga, Saburo (1978), *The Pacific War 1931—1945*, New York: Pantheon books.

Inghilleri, Moira (2003), "Habitus, field and discourse: interpreting as a socially situated activity", *Target* 15 (2): 243—68.

Inghilleri, Moira (2005a), "Mediating zones of uncertainty: interpreter agency, the interpreting habitus and political asylum adjudication", *The Translator* 11 (1): 69—85.

Inghilleri, Moira (2005b), "The sociology of Bourdieu and the construction of the 'object' in translation and interpreting studies", *The Translator* 11 (2): 147—166.

Inghilleri, Moira (2008), "The ethical task of the translator in the geo-political arena: from Iraq to Guantánamo Bay", *Translation Studies* 1 (2): 212—223.

Inghilleri, Moira and Sue-Ann Harding (2010), *Translation and Violent Conflict*. Special Issue of *The Translator*. London: Routledge.

Israel, John (1996), *Student Nationalism in China 1927—1937*, Stanford: Stanford University Press.

Jenkins, Richard (1992), *Pierre Bourdieu*, London and New York: Routledge.

Kataoka, Tetsuya (1974), *Resistance and Revolution in China: the Communists and the Second United Front*, Berkeley: University of California Press.

Kirby, William C. (1984), *Germany and Republican China*, Stanford, California: Stanford University Press.

Li, Tsung-jen and Tong, Te-kong (1979), *The Memoirs of Li Tsung-jen*, Boulder, Colorado: Westview Press.

Liu, F. F. (1956), *A Military History of Modern China, 1924—1949*, Princeton: Princeton University Press.

Markou, Eleni (2006), *Interpreter Training in the Western Armed Forces* [Powerpoint slides], retrieved 24 June 2008, from www.emcinterpreting.org/repository/ppt/UoW_conf_06-E.Markou.ppt.

McLane, Charles B. (1972), *Soviet Policy and the Chinese Communists (1931—1946)*, New York: Columbia University Press.

Miles, E. Milton (1967), *A Different Kind of War: The Little-known Story of the Combined Guerrilla Forces Created in China by the U.S. Navy and the Chinese During the WW II*, Garden City, NY: Doubleday.

Morris, Ruth (1995), "The moral dilemmas of court interpreting", *The Translator* 1 (1): 25—46.

Mountcastle, John W. (2008), *U.S. China Defensive*, brochure for the US Army Center of Military History, retrieved 2 May 2008, from http://www.history.army.mil/ brochures/72-38/72-38.htm.

North, Robert C. (1963), *Moscow and Chinese Communists*, Stanford: Stanford University Press.

Palmer, Jerry (2007), "Interpreting and translation for western media in Iraq", in Myriam Salama-Carr (ed.) *Translating and Interpreting Conflict*, Amsterdam and New York: Rodopi, 13—28.

Palmowski, Jan (1997), *A Dictionary of Twentieth-Century World History*, Oxford: Oxford University Press.

Perk, Robert (ed.) (1998), *Oral History Reader*, London and

New York: Routledge.

Price, Jane L. (1976), *Cadres, Commanders, and Commissars: the Training of the Chinese Communist Leadership, 1920—45*, Boulder, Colorado: Westview Press.

Pym, Anthony (1998), *Method in Translation History*, Manchester: St. Jerome Publishing.

Rafael, Vicente L. (2007), "Translation in Wartime", *Public Culture* 19 (2): 239—246.

Reardon-Anderson, James (1980), *Yenan and the Great Powers: the Origins of Chinese Communist Foreign Policy, 1944—1946*, New York: Columbia University Press.

Roland, Ruth A. (1982), *Translating World Affairs, Jefferson*, London: McFarland.

Roland, Ruth A. (1999), *Interpreters as Diplomats: A Diplomatic History of the Role of Interpreters in World Politics*, Ottawa: University of Ottawa.

Romanus, F. Charles and Riley Sunderland (2002), [1953] *The History of the China-Burma-India Theatre: Stilwell's Mission to China*, Honolulu, Hawaii: University Press of the Pacific.

Salama-Carr, Myriam (ed.) (2007), *Translating and Interpreting Conflict*, Amsterdam and New York: Rodopi.

Shveitser, Aleksandr (1999), "At the Dawn of Simultaneous Interpretation in Russia", *Interpreting* 4 (1): 23—28.

Simeoni, Daniel (1998), "The pivotal status of the translator's habitus", *Target* 10 (1): 1—39.

Simeoni, Daniel (2005), "Translation and society: the emergence of a conceptual relationship", in Paul St-Pierre and Prufulla C. Kar (eds.) *Translation: Reflections, Refractions, Transformations*, New Delhi: Pencraft International, 3—14.

Takeda, Kayoko (2007), *Sociopolitical Aspects of Interpreting at the International Military Tribunal for the Far East (1946—48)*, PhD diss, Universitat Rovira i Virgili.

Taylor, George Edward (1980), *Japanese Sponsored Regime in North China*, New York: Garland Pub.

Tipton, Rebecca (2008), "Reflexivity and the social construction of identity in interpreter-mediated asylum interview", *The Translator* 14 (1): 1—19.

The Liaison Group of the Foreign Affairs Bureau (1945), *Forty English Lesson for Interpreting Officers*, duplicated [Copy kindly provided by Yan Jiarui].

Twitchett, Denis, John King Fairbank and Albert Feuerwerker (1993), [1986] *Republican China 1912—1949*, vol. 13, ii, of *The Cambridge History of China*, Cambridge: Cambridge University Press.

Van Slyke, P. Lyman (1968), *The Chinese Communist Movement: a Report of the United States War Department, July 1945*, Stanford: Stanford University Press.

Wadensjö, Cecilia (1998), *Interpreting as Interaction*, London and New York: Longman.

Wadensjö, Cecilia, Birgitta Englund Dimitrova and Anna-Lena Nilsson (2007), *The Critical Link 4: Professionalisation of Interpreting in the Community*, Amsterdam & Philadelphia: John Benjamins.

Waley, Arthur (1958), *The Opium War Through Chinese Eyes*, London: George Allen and Unwin.

Walsh, Billie K.(1974), "The German military mission in China(1928—1938)", *Journal of Modern History* 46 (3): 502—513.

Watson, Lawrence C. (1976), "Understanding a life history as a subjective document: hermeneutical and phenomenological perspective", *Ethos* 4 (1) 95—137.

White House (1941), "Statement on sending a military mission to China", 26 August, retrieved 2 May 2008, from http://www.ibiblio.org /pha/timeline/410826awp.html.

Wolf, Michaela (2002), "Culture as translation and beyond: ethnographic models of representation in translation studies", in Theo Hermans (ed.) *Crosscultural Transgressions*, Manchester: St. Jerome Publishing, 180—192.

Wolf, Michaela (2007a), "The emergence of a sociology of translation", in Michaela Wolf and Alexandra Fukari (eds.) *Constructing a Sociology of Translation*, Amsterdam & Philadelphia: John Benjamins Publishing, 1—36.

Wolf, Michaela (2007b), "The location of the 'translation field': negotiating borderlines between Pierre Bourdieu and Homi Bhabha", in Michaela Wolf and Alexandra Fukari (eds.)

Constructing a Sociology of Translation, Amsterdam and Philadelphia: John Benjamins Publishing, 109—119.

Wolf, Michaela (2015), *The Habsburg Monarchy's Many-Languaged Soul: Translating and Interpreting*, trans. Kate Sturge, Amsterdam & Philadelphia: John Benjamins Publishing.

Wong, Lawrence Wang-chi (2007), "Translators and interpreters during the Opium War between Britain and China (1839—1842)", in Myriam Salama-Carr (ed.) *Translating and Interpreting Conflict*, Amsterdam & New York: Rodopi, 41—57.

Young, Arthur N. (1963), *China and the Helping Hand (1937—1945)*, Cambridge, MA: Harvard University Press.

Zora, A. Brown (1977), *The Russification of Wang Ming*, PhD diss, Mississippi State University.

蔡孝颙(2005),十多万官兵生命和鲜血赢得的庆典的写照——庆祝滇缅公路恢复通车,2008年5月23日检索自 http://www.china918.net/91805/newxp/ReadNews.asp?NewsID=1419&BigClassName=纪念活动&SmallClassName=庆祝抗战胜利60周年&SpecialID=15。

曹慕尧(2002),延安抗大俄文队:中国两所大学的发源地,党史纵横7:21—23。

陈露(1993),王智涛简介,开国少将,2008年8月14日检索自 http://www.rwabc.com/diqurenwu/diqudanyirenwu.asp?p_name=&people_id=11312&id=20614。

陈艳(2005),抗战时期的翻译文学绪论,抗日战争研究4:26—

45。

崔楠楠（2006），王智涛：文武双全的红色教官，2008年7月28日检索自 http://news.sina.com.cn/c/2006-10-07/094810174 566s.shtml。

单刚和王英辉（2006），岁月无痕——中国留苏群体纪实，2008年7月27日检索自 http://vip.book.sina.com.cn/book/index_47787.html。

顾明义和张德良（1991），日本侵占旅顺大连十年史，沈阳：辽宁人民出版社。

郭荣生（1977），日本陆军士官学校中华民国留学生簿，中国近代史资料丛刊续编，n.s. 370，台北：文海出版社。

郝淑霞（2006），新中国成立前中国共产党领导的俄语教育概况，中国俄语教学 25（3）：58—61。

何立波（2008），抗日战争期间鲜为人知的延安日本战俘学校，2008年7月31日检索自 http://news.xinhuanet.com/politics/ 2008-03/06/content_7725957.htm。

许隆兴、张明凯（1972），《抗日战争史（1937—1945）》。文侯雄译，台北：吴翀出版社。

黄华（2008），回忆与见闻，北京：外语出版社。

姜文（制片人与导演）（2000），鬼子来了〔电影〕，中国：亚洲联合影业有限公司。

姜新（2007），略论民国初年的日本士官学校留学毕业生，民国档案 3：66—71。

李东朗（2008），王明到底有什么国际背景，百年潮 12：61—66。

李宗仁、唐德刚（1979），《李宗仁回忆录》。科罗拉多州博尔德：西景出版社。

凌青（2005），从延安窑洞到北京外交部街，党史纵横1：16—23。

凌青（2008a），从延安到联合国：凌青外交生涯，福州：福建人民出版社。

凌青（2008b），同忆抗战岁月共话世界和平——"为了正义和和平"国际友人支援中国抗战访谈实录，2008年12月13日检索自 http://fifinance.cctv.com/special/C22127 /20081022/ 118133_2.shtml。

卢国维（2005），驻印抗日远征军译员生活回忆，2008年5月23日检索自 http://www.bjzx.gov.cn/bjgc/BJGCTEXT/200509/20050951.htm。

罗天（2008），赴国难，视死忽如归——记抗战时期一次大规模的爱国学生军事翻译活动，中国翻译史：第三届青年研究者大会，香港中文大学。

罗天（2011），滇缅战役中的军事翻译，翻译史研究1：223—249。

毛泽东（1991），〔1935〕论反对日本帝国主义的策略，毛泽东选集，vol.1，北京：人民出版社，142—169。

毛泽东（1991），〔1939〕苏联利益和人类利益的一致，毛泽东选集。vol.2，北京：人民出版社。

梅祖彦（2004），晚年随笔，北京：清华大学出版社。

国立第二历史档案馆（1998），中华民国史档案资料汇编，第五卷，第2/1部分，南京：江苏古书出版社。

国立第二历史档案馆（1994），中德外交密档，桂林：广西师范大学出版社。

齐彪（1996），抗战时期苏联对华战略与国共摩擦，民国档案4：

99—106。

齐红深（2002），日本侵华教育史，北京：人民教育出版社。

齐红深（2005），抹杀不了的罪证：日本侵华教育口述史，北京：人民教育出版社。

钱江（2008），曾任《人民日报》总编辑的吴敏，2008年7月29日检索自 http://media.people.com.cn/GB/221141/123348/123354/7287923.html。

秦建华（2001），周恩来外语教育思想谈略，西安外国语大学学报9(3)：115—117。

石晓军（1992），中日两国相互认识的变迁，台北：台湾商务出版社。

苏先功（2005），我的翻译官生涯，邓贤（主编）在同一面战旗下，北京：五洲传播出版社。

外事局联络小组（1945），《口译人员英语四十课》（由严嘉瑞友情提供）。

王天明、文俊（2005），一个"皇军"高级翻译官的抗日传奇，2007年8月20日检索自 http://www.daliandaily.com.cn/gb/daliandaily/2005-08/17/content_886488.htm。

王野平（1989），东北沦陷四十年教育史，长春：吉林教育出版社。

白宫（1941），8月26日，"关于派遣军事使团到中国的声明"，2008年5月2日检索自 http://www.ibiblio.org/pha/timeline/410826awp.html。

武强（1993），东北沦陷14年教育史料，第二卷，长春：吉林教育出版社。

吴洪成、丁昭，试论日本侵华时期沦陷区的教师教育，广州大学学报 7（5）：86—91。

伍修权（1991），回忆与怀念，北京：中国共产党党校出版社。

夏文运（1999/1967），黄尘万丈：日本侵华秘录，赵晓松、赵连泰译，1—6 部分，黑河学刊 1：77—81；2：77—81；3：77—81；4：68，76—80；5：76—80；6：76—80。

夏文运（2000/1967），黄尘万丈：日本侵华秘录，赵晓松和赵连泰译，7—10 部分，黑河学刊 1：68—73；2：96—100；3：90—94；4：94—100。

晓岗（2006），"洋顾问"李德在中国，军史月刊 9：50—55。

肖占中（2005），台儿庄战役的一位幕后英雄，2009 年 5 月 13 日检索自 http://news.163.com/05/0517/16/1JVHJF7700011234.Html。

熊廷华（2009），王明在朝圣莫斯科的日子，党史文苑 1：23—31。

徐心坦（1998），国立西南联合大学史料，Vol. 5，昆明：云南教育出版社。

许雪姬（2004），日治时期台湾的"通译"，台湾海峡编史学大会，厦门。8 月 14—18，2015 年 11 月 2 日检索自 http://dspace.xmu.edu.cn:8080/dspace/bitstream/id/13828/license.txt/;jsessionid=ADCF684D2DAF929F4F55800 CA63EF02B。

严嘉瑞（2005），"二战"受训班回顾与感想，2008 年 12 月 15 日检索自 http://www.gzta.org/centres.asp？ Big …Class_id=1&SmallClass_id=1。

杨奎松（2005），牛兰事件：忆记共产国际在华秘密组织，2008 年 8 月 12 日检索自 http://www.yangkuisong.net/ztlw/rwyj/000176_4.htm。

于饭（1946），中共的洋包子，消息报1946，No 11，174—175。

余音（2008），台儿庄大捷的谍报英雄夏文运，党史文苑9：26—29。

余子侠、宋恩荣（2005），日本侵华教育全史，北京：人民教育出版社。

袁斌业（2005），1938—1944年桂林抗战中的翻译文化活动，广西师范大学学报（社会科学版）3：27—36。

张注洪（2007），国际友人与抗日战争，北京：北京燕山出版社。

张成德、孙丽萍主编（2005），山西抗战口述史，太原：山西人民出版社。

张同冰、丁俊华（2002），中国外语教育发展史回顾（IV），教育研究4：30—33。

赵文远（2002），上海东亚同文书院与近代日本侵华活动，史学月刊9：52—57。

周德喜（2006），东亚同文书院研究，博士论文，南开大学。

邹振环（1994），抗战时期的翻译与战时文化，复旦大学学报（社会科学版）3：45—63。

图表目录

表 2.1　译员来源地 / 067

表 2.2　大学输出的译员人数 / 070

表 3.1　李德的两位中俄文口译员的基本履历 / 093

图 3.1　中国共产党中俄口译员培训项目的演变（1941—1945）/ 101

表 4.1　1938 年至 1941 年，北京市法院聘请的中日口译员 / 123

表 5.1　夏文运的生平年表（1906—1978）/ 156

致　谢

首先要感谢埃克塞特大学（University of Exeter）准予我六个月的学术假期来完成本书的写作。还要感谢阿斯顿大学授予为期三年的项目奖学金，并为我在2007年和2008年的两次中国之行提供差旅费资助。特别感谢丛书编辑希拉里·富迪特（Hilary Footitt）和迈克尔·凯利（Michael Kelly）。他们在我写作的过程中一直给予我支持。帕尔格雷夫麦克米伦出版社的伊丽莎白·福里斯特（Elizabeth Forrest）和克洛伊·菲茨西蒙斯（Chloe Fitzsimmons）也给了我非常多的建议和鼓励。感谢我的丈夫乔纳森·埃文斯（Jonathan Evans），在我写书期间辛苦照顾我们年幼的女儿，并在我写作完成之后仔细阅读了本书。还要感谢朱莉娅·卡尔南·安吉丽卡（Julia Calnan Angelica），她阅读了本书一些章节的初稿，并给了我非常有用的反馈。

感谢在整个项目中给予我支持和帮助的以下人员：克里斯蒂娜·谢芙娜（Christina Schäffner）、埃德温·根茨勒（Edwin Gentzler）、陈德鸿（Leo Tak-hung Chan）、米里亚姆·施莱辛格（Miriam Shlesinger）、弗朗茨·波契哈克（Franz Pöchhacker）和安德鲁·切斯特曼（Andrew Chesterman）。我最感激的是我的博士生导师凯特·斯特奇（Kate Sturge），指导我完成了博士论文并获得了博士学位。本书以我的博士论文为基础，因此没有她的支持和指导，我可能永远都写不成这本书。在她的暖心鼓励和高效反馈下，我在写作过程中不断探索求新，尽我所能完成了本书。

还要特别感谢严嘉瑞，不仅与我分享了他作为一名训练有素的军事译员的经验，还给我提供了非常宝贵的信息资源，包括他的军事口译译员培训教材。

本书的某些章节曾经在以下出版物发表过，但内容略有不同。

第一章的部分内容摘自《译员职业化与译员培训——抗战时期国民政府对军事译员培训与管理的个案研究》〔*Professionalism in conflicts: China's training of military interpreters during the second Sino-Japanese War*（1931—45）〕，该文章发表于《翻译季刊》，2012年，第65卷第31—60页。

第四章的部分内容摘自《为敌人做口译：抗日战争中的中国口译员（1931—1945）》，该文章发表于2014年2月11日的《翻译研究》，可通过以下网址 http://www.tandfonline.com/[DOI: 10.1080/14781700.2014.881302] 在线查阅。感谢上述期刊的编辑允许我引用这两篇早期文章的部分内容，但这些内容在本书中经过了改写和扩充。

谨以此书献给我的父亲郭兆和、母亲吴开桂。